성래운의

교육
걱정

성래운의

성래운 글

보리

여기, 우리 스승이 있다

이 나라 남녘땅에서 가장 빼어난 현대 교육사상가 두 분을 들라면 나는 서슴없이 이오덕 선생과 성래운 선생을 들겠다. 이 가운데 이오덕 선생은 살아 계실 때 펴낸 교육 관련 책들도 많고 선생의 생각을 널리 알리려는 뜻을 가진 분들이 여럿이어서 이분의 교육 사상은 낯설지 않다.

그러나 성래운 선생은 살아 계실 때 엮은 책도 몇 권 안 되려니와 그 뜻을 이어받아 널리 알리려 든 분도 드물어서 이분의 교육 사상은 일반인뿐만 아니라 교사나 뜻있는 학부모들에게조차 거의 알려지지 않고 있었다. 교육 현실이 나날이 뒷걸음치고 있어서 교육 현장은 아이들을 살리는 쪽이 아니라 죽이는 쪽으로 기울고 있는데도 아이들을 입시 지옥으로 몰아넣는 데에만 급급한 이 교육 학살을 더는 두고 볼 수 없겠다 싶어 그사이 몇 해에 걸쳐 〈개똥이네 놀이터〉의 자매지인 〈개똥이네 집〉에 이오덕 선생의 교육 사상과 성래운 선생의 교육 사상을 나란히 연재해 왔다. 성래운 선생의 글은 그 글을 쓸 때보다 오늘의 교육 현실에 비추어 볼 때 더 절절하다고 여겼기 때문이다. 그리고 오늘의 학부모와 교사들 가슴에 더 큰 울림을 준다고 보았기 때문이다.

따로 뭉뚱그려서 성래운 선생의 교육 사상이 이렇다 저렇다고 이 자리를 빌려 이야기하는 것은 주제넘은 짓일 것이다. 다만 저마다 다른 아이들 하나하나가 다 이 세상에 하나밖에 없는 소중한 아이들이므로 일등도 꼴찌도 없는 교실에서 배우고 자라 저마다 제 몫을 다하면서 서로 돕고 살 길을 찾아야 한다는 성래운 선생의 말뜻을 모두가 가슴에 깊이 새겨야 할 것으로 여긴다.

성래운 선생의 교육 사상이 어떻게 싹틀 수 있었는지를 헤아려 보려는 분들에게 도움이 될까 하여 여기에 김동규 선생이 성래운 선생을 인터뷰한 글을 글쓴이의 허락을 얻어 옮긴다.

그(성래운)는 고향 충남에서 소학교를 졸업하면서 집안이 가난하여 일본인 중학교에 장학생으로 들어갔다. 월사금을 면제받고자 늘 우등생을 도맡아 하는 모범생인 그에게 하루는 오까모도라는 일본인 담임 선생님이 집으로 찾아오라는 전갈을 준다. 집에는 선생님이 정장을 한 채로 무릎을 꿇고 앉아 소년 성래운에게 이렇게 말했다.

'나는 선생이기 이전에 한 인간으로 자네에게 충고한다. 지금 자네는 제 나라를 힘으로 강점하고 총칼로 수탈하여 백성을 마음대로 죽이는 침략자의 나라를 찬양, 존경하도록 교육받고 있다. 진정코 자네가 사람답게 살고자 한다면, 지금 학교를 자퇴하라. 그리고 자네의 민족을 위해 옳은 길을 찾아 그 길을 떠나라.'

그렇다. 좋은 스승이 되려면 옳지 못한 짓을 하는 조국도 배신할 수 있어야 한다. 나쁜 짓을 일삼아 아이들을 떼죽음당하게 하는 이 나라에서 교사가 '이념적 국가기구'의 세뇌 공작을 맡는 하수인 자리에서 벗어나려면 오까모도 선생의 마음자리에 서야 한다. 이 책은 읽는 이들의 가슴을 헤집고 그 저며진 살에 소금을 뿌리는 구실을 할지도 모른다. 그럴 때는 권정생 선생의 말을 기억하시기를.

'좋은 책이란? 읽고 난 뒤에 마음이 불편해지는 글이 담긴 책이다.'

윤구병(농부철학자)

차례

일러두기

• 이 책은 《스승은 없는가》(진문출판사, 1977년), 《제자여 사랑하는 제자여》(문학세계사, 1984년), 《분단시대의 민족교육》(학민사, 1985년)에서 뽑은 글들을 담았습니다.
• 글 가운데 '국민학교' '산수' '자연' '실과' '대입 학력고사' '대입 예비고사'는 지금 쓰는 말이 아니지만, 글 쓴 시대 상황과 교육 제도의 이해를 돕기 위해 지금 쓰는 말로 고치지 않고 그 당시 말로 두었습니다.

1장

지금,
아이들은 무엇을
배우고 있는가

눈 흘김

어제는 할머니 환갑날이라 우리 집에 어른들이 참 많이 다녀가셨어요. 그런데 이런 재미있는 일도 있었어요. 우리 집에 방이라고는 모두 세 칸밖에 없는데, 한 방에서는 할머니가 찾아오신 손님들을 만나고, 나머지 두 방에는 할머니 뵙기를 기다리는 손님이나 이미 뵙고 난 손님이 모이셨어요. 자연스럽게 한 방은 남자 손님들이, 다른 한 방은 여자 손님들이 쓰게 되었지요.

재미난 일은 바로 여자 손님들이 모여 있는 방에서 일어났어요. 여자 분들만 한 방에 모여 있었지만 그 가운데 새댁도 있고, 노인도 계셨지요. 그런데 여자 손님만 있는 방에 새댁도 아니고 노인도 아닌 분이 새로 들어오셨어요. 혼자서도 아니고 두서너 살 되어 보이는 아기를 데리고 말이에요. 일은 바로 이때 벌어졌어요.

좁은 방에 여러 사람이 있다 보니 모두들 바싹바싹 다가앉았건만 새로 들어온 아이 어머니와 아이가 자리 잡을 곳이란 방 안 한복판뿐이었던 거예요. 할 수 없이 그 어머니는 방 한가운데에 자리를 잡고 아이를 내려놓았지요. 자연스럽게 모든 어른들은 아이를 쳐다보게 되었어요. 얼마 동안 엄마 품에 얌전히 안겨 있던 아이가 별안간 벌떡 일어나는 것이었어요. 그러고는 한 중년 부인 앞으로 성큼성큼 다가가더니 글쎄, 얼굴을 왼쪽으로 천천히 돌리고 눈만 오른쪽으로 하얗게 뜨면서 그 중년 부인을 흘겨보더라고요. 이맛살까지 잔뜩 찌푸리면서 말이에요.

중년 부인은 얼른 자기 얼굴을 두 손으로 가리면서 "아이고 무서워! 아이고 무서워!" 하시더군요. 그러자 그 아이는 더욱 신이 나서 그다음 어른 앞에 가서는 또 그 짓을 하더라고요. 그러자 방 안은 온통 손뼉 치는 소리와 함께 웃음판이 벌어졌어요.

아이가 이러면서 방 안을 거의 한 바퀴 돌았을 무렵이었지요. 우리가 있던 방에 나이 지긋한 어른 한 분이 새로 들어오셨어요. 방 안에 앉아 있던 부인들 모두가 일어서서 아랫목으로 자리를 내드렸고, 한 분 한 분 인사를 했어요. 물론 방 안은 아주 조용해졌어요. 기침 소리 하나 없었으니까요. 그런데 이 아이 좀 보세요. 글쎄, 바로 그 어른 앞으로 또 다가가더니 눈을 흘기지 않겠어요?

그러자 어른은 표정이 굳어졌어요. 말씀은 없었지만 '이 어찌 된 못된 짓이고' 하는 표정이었어요. 방 안에 있던 모든 어른들은 그야말로 당황했어요. 아이 어머니는 더 말할 나위도 없고요. 아이 어머니는 급히 달려가서 그 아이를 채뜨리듯이 붙들어 안고 자리로 돌아와서는 호되게 나무라기 시작했어요.

"이 녀석아, 다시 또 그런 못된 짓을 할래? 응? 다시 할 테야? 다시는 하면 안 돼" 하면서 말이에요. 이번에는 방 안 사람들 눈길이 모두 아이 어머니한테로 쏠리게 되었고, 저도 물론 아이 어머니 얼굴을 살폈어요. 제가 그때 살핀 아이 어머니의 얼굴, 특히 그 눈. 어쩌면 그렇게도 아까 아이가 흘기던 눈과 똑같은지……

저는 놀라서 아이 어머니가 눈 흘기는 모습을 바라보았어요. 얼굴은 왼쪽으로 천천히 돌리면서 눈만은 아이 얼굴을 똑바로 보며 하얗게 흘기지 않겠어요? 저는 놀라서 웃음보가 터져 나오려는 것을 참느라 혼이 났어요. 지금 생각하니까 참으로 재미있는 일이기도 했고요.

저는 곰곰이 생각해 보았지요. 그때 아이 어머니는 '눈을 흘기지 말아라'고 가르치면서, 정작 자기가 눈을 흘기고 있었던 것이에요. 아이가 눈 흘기는 짓을 처음으로 하게 된 것도 엄마가 일부러 말로 가르치지는 않았을 거예요.

부모님이나 선생님은 모두가 좋은 말씀만 들려주시는데, 우리 어린이들이 어른들의 뜻대로 훌륭한 사람이 되지 않는 것은 무엇 때문일까요? 우리도 바로 이 아이처럼 부모님이나 선생님이 하시는 것을 보고 자기도 모르게 배우는 것이 아닐까요?

사람은 살고 있는 동안 학습을 계속하게 마련이다. 물론 반드시 참되고 착하고 아름다운 것만을 배우는 것은 아니다. 그 반대 것을 배우는 경우도 허다하다.

위 글에서 아이는 착하지도 않거니와 아름답지도 않은 '어른한테 눈 흘기기'를, 그것도 다른 사람이 아닌, 바로 자기 엄마한테서 배운 것이다. 그런데 그 엄마가 아이한테 가르치려 했던 것은 도리어 '어른한테는 눈을 흘겨서는 안 된다'는 것이었다. 다시 말하면, 아이는 엄마가 가르치는 정반대를 배운 것이다. 아이 엄마는 말로야 '눈을 흘기지 말 것'을 가르쳤지만, 가르칠 때 눈을 흘기고 있었기 때문에 그 아이가 눈을 흘기게 된 것이다. 아이는 엄마가 말로 가르치는 것은 배우지 않고 엄마의 행동을 곧장 배운 것이다.

이러한 현상은 그 아이뿐 아니라 누구한테나 있다. 선생님은 셈하는 것을 가르치고 있는데 바로 그때 학생들은 선생님한테서 말하기 기술을 배우고 있다든가, 반대로 선생님은 말하기를 가르치고 있는 바로 그때 학생들은 선생님의 성질을 배우고 있다든가 하는 것들이 한두 가지가 아니다.

사람이 그리되어 있는 것이라서, 학생들로 하여금 선생님이 가르치는 것만을 배우게 할 도리는 없다. 그러므로 선생님들은 도리어 그 사실을 받아들이고 학생 교육을 조심성 있게 해야 한다. 학생한테 셈하는 것을 가르치면서 배워서 좋지 못한 말씨가 있어서는 안 되고, 말하기는 잘 가르치면서 괴팍한 성질을 부려서는 안 되는 것이다. 학생의 나이가 어리면 어릴수록 선생님이 가르치는 것뿐만 아니라 다른 여러 가지를 더 배우게 된다. 한마디로 선생님이라는 사람을 통틀어 배우게 되는 것이다.

교과서가 전부는 아니다

본격으로 조사해서 견주어 보지 않아도 뻔한 것 가운데 하나가 우리 나라 학교 졸업생들이 보여 주는 독서 실태다. 국민학교 학생들은 두말할 나위가 없고 대학을 졸업한 이른바 학사들까지도 독서를 멀리하는데, 외국에 견주어 봐도 이런 잘못된 예를 찾아보기가 어렵다. 먹고살기도 바쁜데 책을 읽게 됐느냐고 반박하고, 우리보다 더 가난한 나라 졸업생들은 보나 마나 우리보다 책을 더 멀리할 것이라는 사람이 있다. 잘못된 생각이다.

우리와 다름없이 먹고살기가 힘들거나, 가난한 나라일지라도 우리보다 책을 더 가까이하는 경우가 얼마든지 있다. 뿐만 아니라 다른 나라 학교 졸업생을 보면 초등교육을 마친 사람들보다 중등교육을 마친 사람들이, 중등교육을 마친 사람들보다 대학을 마친 사람들이 책을 더 가까이한다.

그런데 우리 나라는 어떠한가. 학교를 다니면 다닐수록 독서와 거리가 더 멀어진다. 어떤 사람은 국민학교 졸업생들보다 대학을 졸업한 사람이 책을 많이 읽고 독해력이 뛰어나다고 하지만 신문이나 주간 잡지 따위를 뒤적거리는 것을 엄밀한 의미에서 독서라고 말할 수는 없다.

본격으로 조사해서 견주어 보지 않아도 뻔한 것 가운데 또 하나는 우리 나라 초중등학교 학생만큼 교과서와 참고서만 억척스럽게 뒤져 보는 학생들을 다른 나라에서는 찾아보기 어렵다는 것이다.

대학 입시 문제를 교과서 위주로 출제하니까 입시 경쟁이 있는 한 교과서와 그 참고서만 보며 학생 시절을 보낼 수밖에 없지 않느냐는 사람이 있다. 그런데 중등학교 입시가 없어지고도 몇 해가 지났건만 국민학교 어린이들이 여전히 교과서에만 매달려 살고 있는 것을 뭐라고 설명할 수 있을까.

어떤 사람은 학교에서 그렇게 공부에만 몰아대기 때문에 학생들이 그만큼이나마 공부하게 된 것이 아니겠느냐는 당위론을 편다. 아닌 게 아니라 초중등학교 학생들이 하는 교과서 공부를 우리 나라만큼 열띠게 많이 하는 나라도 없을 것 같다. 그런데 대학생에 이르러서는 어떠한가. '굴레 벗은 망아지'라는 말이 있다. 지난 12년 동안 보던 교과서 굴레에서 벗어난 것을 기뻐할 줄만 알았지, 책 읽기는 고사하고 그나마 교과서도 가까이하려 들지 않는 경향이 두드러진다. 다른 나라 대학생들한테 이런 행태를 찾아볼 수 있을까.

대학생들이 초중등학교 학생들보다 책을 멀리하는 생활을 하고, 졸업한 뒤에는 그야말로 책에서 손을 떼다시피 하는 것이 다른 나라에서는 찾기 어려운 유례라면, 우리 나라 학교는 교육 방법에 대해서 뉘우치는 바가 있어야 하겠다.

선생이 해를 거듭하며 더 많은 책을 가르칠수록 학생은 책을 가까이하고, 졸업한 뒤에는 선생이 없어도 책을 가까이해서 자기 성장을 스스로 도모해 가는 사람이 되어야만 한다. 그러나 사실은 그 정반대 입장에 있다. 그런데도 지금처럼 교과서 위주 교육 방법에만 집착해야 할 것인가.

그렇다고 교과서를 없애자는 주장을 하는 것은 아니다. 다만 싫증이 날 만큼 그것만 뒤져 보게 하지는 말자는 것이다. 교과서 말고 다른 책도 교재로 함께 다루게 된다면 그만큼 책이라는 것을 즐겁게 대하게 되지 않겠는가.

이를테면, 국민학교에서는 내용이 좋은 만화 같은 것을, 중등학교에서는 명작 선집 같은 것을 교과서와 함께 교실에서 교재로 다루게 된다면 그래도 책이라고 하는 것이 학년을 거듭할수록 더욱 짐스럽게만 여겨지고 급기야는 졸업하면서 책과 결별하는 결과를 가져오진 않을 것이다.

책 알선에 따라 교사로서의 도리가 타락한다거나, 교과서가 아닌 책을 구입하면서 학부모가 부담을 느끼게 되는 것을 염려하는 사람도 있을 것이다. 그런 걱정은 안 해도 된다. 왜냐하면 교과서든 아니든 필요한 사람만 사면 되기 때문이다. 설사 그에 따른 새로운 어려움이 크다 할지라도 지금까지 '똑같은 교과서 강제 구입'과 '교과서만 가르치기'를 하는 데서 오는 우리 교육의 비극을 되풀이하는 것보다는 낫다.

　선생은 학생을 가르칠수록 나아지기에, 그리고 졸업한 뒤에는 학생들 스스로 힘으로 스스로를 나아지게 할 수 있기에 오늘도 교단에 서는 것이다.

마음씨는 나빠져도
경쟁에서는 이겨야지

오늘 첫 시간은 국어 시간이었어요.

"누구 읽을 사람? 누가 잘 읽더라?"

선생님 말씀이 채 끝나기도 전에 저는 손을 번쩍 들었죠. 다른 동무들보다 먼저 손을 들어 선생님 눈에 뜨이면 반드시 저더러 읽으라고 하실 테니까요. 그런데 누가 먼저 손을 들었는지 모를 만큼 모두들 한꺼번에 손을 들어 올리지 않겠어요?

저는 속이 상했습니다. 아무도 손을 안 들면 더 말할 나위 없이 저한테 읽으라 하기 마련일 텐데요. 아니나 다를까 선생님은 옥만이를 시켰어요. 저는 괜히 옥만이가 미웠습니다. 속으로 '깍쟁이야' 하고는 마음을 달래려고 했지만 오늘 첫 경쟁에서 진 것이 어쩐지 분하기만 했습니다.

두 번째 시간은 산수 시간이었어요.

"김만복, 이춘운, 송윤각 모두 앞으로 나와서 교과서 32쪽 첫 문제부터 하나씩 칠판에 풀어 보세요. 다른 사람들은 누가 맞고 틀렸는지, 틀렸다면 어디가 틀렸는지 잘 봐 두었다가 나중에 말해 보세요."

선생님 말씀을 들은 저는 '옳지, 이번에는' 하고 벼르면서, 칠판 앞으로 신 나게 걸어가는 동무들 뒷모습을 바라보았습니다. '틀리기만 해 봐라, 아무려면 셋 다 답을 맞히려고?' 저는 누가 틀리는지만 노려보고 있었습니다. 그런데 아직 아무도 틀리지 않는 거예요. 안타까웠습니다. 제발 셋 가운데 한 명만이라도 틀렸으면 하고 기다렸어요. 끝내 아무도 틀리지 않았습니다. 오늘의 두 번째 경쟁에서도 이기지 못한 것이 참으로 분했습니다.

세 번째 시간에는 자연을 공부했어요. 선생님이 채 들어오시기도 전에 몸무게를 재 오라고 하신 숙제 이야기를 하다가 만복이와 맞서게 되었어요. 저보다 몸무게가 덜 나갈 줄 알았던 만복이가 더 나간다기에 어떻게 쟀나 물어보았지요.

"목욕탕 가서 저울대에 올라서 보았지, 뭐" 하고 대답했어요. 그래서 옷을 벗고 쟀다는 것은 알았지만 서서 쟀다는 말이 좀 이상하게 들렸습니다. 그래서 저는 "서서 재니까 많이 나갔지, 앉아서 재야지" 하고 대답했어요. 만복이는 서나 앉으나 무게는 마찬가지라고 했고, 그렇게 저는 만복이와 맞서게 되었지요.

그런데 마침 선생님이 들어오셨어요. 저는 "선생님, 몸무게를 잴 때 앉아서 재라고 하셨지요?" 하면서 선생님 표정을 살폈습니다. 예전에 학교에서 모두 몸무게를 쟀을 때, 선생님께서 모두 앉아서 재도록 주의를 주셨던 생각이 났거든요. 그런데 선생님은 못마땅하다는 표정을 지으시더니 "앉아서 재는 것이 좋아요" 하며 아주 낮은 목소리로 말씀하셨어요. 그래서 저는 벌떡 일어났어요.

"그런데 선생님, 만복이는 서서 쟀대요. 서서 재면 무게가 더 나가지요?"

저는 '이번만큼은 만복이한테 이겼구나' 하는 생각에 정말 기뻤습니다. 그런데 꼭 그렇다고 말씀해 주실 줄만 알았던 선생님께서 아무 말씀도 안 하셨어요. 저는 무척 당황했습니다. 이번에도 경쟁에서 진 거예요. 그것도 하필이면 만복이한테 대답을 시키면서 "맞았다, 만복이 생각이 옳아요"라고까지 하시는 거예요. 만복이가 얼마나 밉던지요. 그리고 선생님도 제 자신도 싫어지고요.

네 번째, 다섯 번째 두 시간에 걸쳐 있었던 그림 그리기 시간에는 그야말로 안간힘을 다해 경쟁에서 이겨 보려고 했습니다. 일찌감치 종이와 크레파스를 책상 위에 놓고 선생님이 오기만을 기다렸어요.

반갑게도 선생님은 감나무 가지들을 들고 들어오셨어요. 가지마다 서너 개씩 큰 감이 달려 있었어요. 그러고는 분단마다 가지를 하나씩 나눠 주셨지요. 어쩌면 그렇게도 예쁜지요. 아무튼 이래서 모두들 감나무 가지를 그리게 되었습니다. 그때였어요. 손뼉 치는 소리 다음에 선생님 말씀이 들려왔어요.

"오늘은 잘 그린 그림 열 장을 골라서 옆 반하고 견주어 보기 위해 복도 벽에 함께 붙이기로 했어요. 그러니까 열심히 그려요."

저는 가슴이 설레었습니다. 저도 모르게 크레파스부터 집어 들었어요. 그런데 다른 동무들도 그랬던가 봐요.

"자, 두 손 놓고 여기 좀 봐요. 잘 그린 그림으로 뽑히려면 선생님이 그려 온 그림을 잘 봐요. 두 장을 그려 보았는데 어느 쪽이 잘 그린 것인지 누가 알아맞혀 보아요!"

저는 정신을 바짝 차리고 그림을 들여다보았습니다. 한 장은 한복판에 큼직하게 그렸고, 다른 한 장은 조그마하게 그나마도 한쪽 구석에 그린 것을 알아냈습니다. 번쩍 손을 들었어요. 그런데 이번에도 손을 든 것은 저뿐만이 아니었고, 선생님이 가리킨 학생도 제가 아니었어요. 더 자세히 보니 한복판에 크게 그렸을 뿐만 아니라 감 빛깔도 감이 놓인 바닥도, 감도 그림자도 모두가 다른 그림보다 잘 그려져 있었습니다. 그런 것을 알아낼 때마다 손을 뻗어서 선생님한테 절 가리켜 달라고 졸라 댔지만 번번이 헛수고였습니다.

그러나 저는 분한 걸 꾹 참았어요. 선생님 그림을 잊을까 봐 열심히 제 그림을 그렸어요. 어느 정도 그리고 나서는 앞뒤 동무들 그림과 견주며 제 그림만 한 것이 없어서 한시름 놓기도 하고, 뜻대로 그려지지 않는다고 속상해하는 동무가 있으면 은근히 기뻐하기도 하면서 열심히 그렸습니다. 종소리가 울리자 선생님께서 열 사람의 그림을 뽑아 교실 칠판에 전시한다는 것이었습니다. 이름이 불릴 때마다 제 가슴은 죄이기만 하고, 여덟 번째 아홉 번째 그리고 열 번째 이름이 불렸건만 제 이름은 불리지 않았습니다. 저는 울음을 터뜨릴 뻔했어요.

바로 그때였습니다.

"경신아, 네 그림 좀 가져오렴."

저는 제 귀를 의심할 지경이었지만 그림을 들고 선생님 앞으로 달려갔습니다. 그런데 선생님 말씀은 참으로 뜻밖이었습니다.

"경신이 네 그림은 잘 그리기는 했는데, 네 앞에 있는 진짜 감을 보고 그린 것이 아니라 선생님이 그린 감을 그렸어요. 자, 이 감나무 가지를 봐요. 그리고 네 그림을 보고."

지금 생각하면 그때 제가 쓰러지지 않고 버티고 서 있던 것이 장하기만 합니다.

이래서 저는 온종일 경쟁에서 졌어요. 그렇지만 내일은 무슨 짓을 해서라도 이길 거예요. 내일도 우리 반 동무들이 저보다 잘하면 어떻게 할 거냐고요? 그러지 않기만을 바랍니다. 저를 보고 못된 마음이라고요? 남이 저보다 더 잘하면 제가 잘하고도 늘 지고 마는걸요. "누가 가장 잘하나" 하고 말씀하시며 가르치는 분이 누군데요. "제가 가장 잘해요" 하고 대답하는 건 우리 학생들이죠. 그런데 바로 제가 가장 잘하는 이로 뽑힌다면야 왜 다른 동무들이 못하기를 바라겠어요.

아니 그것도 따지고 보면 남이 못해서 제가 뽑히는 거예요. 경쟁에 이겨도 그런데 하물며 져 보세요. 오늘 저처럼 말이에요. 그러고도 남이 못하기를 바라지 않게 될 수가 있겠어요? 저는 남이 못하기를 바랍니다. 그래야 제가 선생님 눈에 들 테니까요. 선생님은 날마다, 시간마다 경쟁을 시키면서 가르치는걸요. 제 마음씨는 나빠져도 경쟁에서는 이기고 말 거예요.

이 글은 과도한 경쟁을 통해서 교육을 받고 있는 학생들 마음씨가 어떻게 일그러지고 있는지를 보여 주고 있다. 첫 시간에 우리 글 읽기를 가르치는 경우만 하더라도, 잘 읽을 자신이 있는 어린이들로 하여금 손을 들게 했다. 그 가운데 한 어린이를 가리켜 잘 읽으면 그대로를, 잘 읽지 못하면 고쳐 읽게 해서, 읽는 어린이의 읽기 지도는 물론 나머지 어린이들 모두에게 바르게 읽는 법을 간접으로 가르쳐 주는 방식 그 자체에 잘못이 있는 것은 아니다.

문제는 어린이들을 과도하게 경쟁시키는 데 있다. 손들기에 경쟁을 붙이고 먼저 손든 어린이를 가리켜서 후하게 대접하는 반면 손을 채 들지 못한 어린이나, 들었다 하더라도 뒤늦게 드는 어린이를 푸대접한다면 어린이들 사이에서는 선생님의 푸대접을 피하고 후한 대접을 받고자 치열한 경쟁이 벌어질 수밖에 없다. 그리되는 날에는 다른 동무들의 성공을 질투하고 실패를 간절히 바라는 마음씨가 움트기 시작한다.

동무들과 경쟁을 하는 가운데 능력이 길러진다는 까닭으로 과도한 경쟁을 통한 교육을 정당화하려는 이가 있는데, 이는 어디에 어떻게 쓸 사람인지를 살피지 아니하고 칼을 쥐어 주는 일처럼 참으로 위험한 짓이다. 능력은 많은데 마음씨가 좋지 못해 스스로와 남을 다 함께 불행하게 만드는 이가 적지 않음을 생각해 봐야 한다.

사람은 경쟁심을 타고나는 것이라는 생각을 가진 이들도 있다. 그래서 경쟁을 통한 교육이 자연스러운 것이라는 주장이 있다. 그러나 이는 사실이 아니다. 사람들은 남녀노소 누구나 경쟁심을 갖고 있지만 그것은 어디까지나 이 세상에 태어난 뒤에 배워서 지니게 된 것이다.

가정과 동네와 사회가 그 사람에게 경쟁심을 부추기지 않으면 그것이 움트고 자라나지 않는다. 남을 돕는 학교 풍토를 어떻게 만드느냐에 따라서 그 속에서 교육받고 있는 어린이들이 다른 동무의 성공을 자기 성공처럼 기뻐하고, 공동 목적을 이루기 위해서 제 구실을 다하면서 행복을 느끼는 사람이 되게 할 수 있다.

현실 사회가 경쟁의 아수라장인데 학교 교육에서만 학생들의 경쟁심을 없앤다면 학교를 졸업한 뒤 실제 사회에 나가 사회에서 쓸모 없게 되는 것이 아니냐는 이들도 있다. 그렇기 때문에 학교도 경쟁의 수라장으로 꾸며 놓고 학생을 교육시켜 사회에 나가서도 쓸모 있는 사람으로 적응하고 발전할 수 있게 해야 한다는 것이다. 그러나 지금 사회 현실은 경쟁 대신 협동의 새싹이 우렁차게 돋고 있다. 경쟁이 지나칠 경우에는 그 사회 속 모든 사람을 함께 쓰러뜨릴 가능성마저 지니고 있다. 학생들에게서 경쟁심을 아주 없애지 않는다 할지라도 부추기지는 말아야 할 까닭이 여기에 있다.

모든 학생을 고루 잘 가르쳐야 한다는 말은 학생마다 타고난 능력이 다 다르다는 것을 모르고 하는 소리이거나, 뛰어난 학생을 추려서 잘 가르쳐 사회에 내놓으면 나머지 사람들도 그 덕을 입어 잘살 수 있게 된다는 것을 모르고 하는 소리라는 이들도 있다. 뛰어난 학생을 추리자니 경쟁을 시키는 것이고, 추린 사람들을 더욱 유능하게 하자니 경쟁에 이긴 학생들 위주로 교육할 수밖에 없다는 것이다.

하지만 지금 세상은 바로 얼마 전까지의 그것과 다른 것이 되어 가고 있다. 지금 세상에는 별의별 능력이 모두 절실하게 필요하게 된 것이다. 학생마다 다른 것은 사실이다. 그러나 아래위로 열등하고 우수한 것은 아니다. 타고난 가능성이 옆으로 서로 다를 뿐이다. 더구나 지금의 사회가 갖고 있는 문제 가운데는 한 사람이 비록 완전한 재능을 갖고 있다 할지라도 혼자서는 해결할 수 없는 문제가 있다. 천재는 아닐지라도 서로 다른 능력을 가진 여럿이 힘을 모으기만 하면, 해결을 할 수 있는 문제들이 늘어나고 있다. 이런 뜻에서도 과도한 경쟁을 하는 교육은 삼가야 할 것이다.

어느 반장의 실토

저는 5학년 반장이에요. 3학년 때부터 반장을 했으니까 3년째 하는 셈이지요. 처음에는 선생님과 동무들 사이에서 얼떨떨했지만 해를 거듭하면서 반장 노릇이 차차 몸에 배게 되었답니다. 그래서인지 선생님도 저를 태산같이 믿으시고 동무들 또한 제 반장 노릇을 으레 그렇거니 여겨 저는 거칠 것이 없어요.

제가 한 번만 조용히 하라면 조용히 했고, 숙제를 내놓으라면 내놓았지 아무도 안 하고 버티지 않았어요. 자습 시간에 아무개가 떠들었다고 교무실에 가서 선생님께 말씀드리면 선생님은 두말없이 그 동무를 불러오라고 하시니까요. 떠든 동무가 불려 가면 선생님은 '왜 떠들었어?' 하자마자 으레 동무 머리를 꽝꽝 쥐어박게 마련이고 '다시는 떠들지 않을 거지?' 하고는 동무의 '네' 소리와 함께 '돌아가!' 하시니까요. 어느 누구도 사정을 말씀드릴 겨를이 없는 거지요.

그런데 반장인 저는 이 밖의 다른 일도 해요. 우리 학교에는 교훈이 있고요, 학급에는 급훈이 있어요. 그뿐인가요. 초하루가 되면 그 달의 월훈이 있고요, 월요일이 되면 그 주의 주훈도 있어요. 그러고 도 그때그때 선생님이 내세우시는 '약속'이라는 것도 있지요.

누가 이 교훈, 급훈, 월훈, 주훈, 약속을 어기는가를 감시하는 것이 제가 할 일이랍니다. 머리가 어지러울 지경이지요. 하나씩 감시하기 만 해도 덜 어지럽겠는데, 어떤 것은 서너 너덧 개씩 되는 바람에 무 엇이 뭐였는지 모를 때도 있답니다.

그렇게 한꺼번에 다 감시할 수가 없으니까 오늘은 무엇, 오늘은 무 엇 이런 식으로 저 혼자 마음을 정하고 온종일 그것만 노려보는 거지 요. 그걸 모르고 있는 우리 반 동무들은 이런 제 꾀에 걸리고야 말아 요. 걸리기만 하는 날에는 학급일지에 이름 석 자가 적히게 되는 거 지요. 저는 선생님의 지시에 따르는 것뿐인데요, 뭐. 그걸 잘해야 반 장 노릇을 잘한다는데요, 뭐.

그런데 제 이야기를 좀 들어 보세요. 어제는 저에게 이런 일이 있 었어요. 어제 제가 남몰래 노려보기로 마음먹은 것은 이번 주 주훈 가운데 '사이좋게 지내자'였어요. 그래서 싸우는 동무를 벼르고 있다 가 적기로 했지요.

아무리 어린 우리라고 하더라도 싸우는 데에는 다 그럴 만한 까닭 이 있을 것 아니에요? 그렇지만 전 아랑곳없었지요. '사이좋게 지내 자'는 주훈을 어긴 동무의 이름을 학급일지에 적어 선생님께 보여드 리기로 한 거예요.

어제는 인식이하고 영훈이가 싸웠어요. 제 눈에 띄어서 알게 된 것은 아니에요. 학교 화장실 뒤에서 있었던 일을 우리 반에서 키가 가장 작은 꼬마가 저에게 일러바친 거예요. 물론 저는 학급일지에 적었지요. 그런데 그때였어요. 그 꼬마가 인식이 이름만 적고 영훈이 이름은 적지 말아 달라는 거예요. 저는 꼬마의 부탁으로 영훈이를 지웠다가 옳지 않다 싶어 도로 적었다가 다시 꼬마의 부탁으로 지우고야 말았습니다.

왜 그랬느냐고요? 저도 그 말씀을 드려야 마음이 후련해지겠어요. 우리 반의 꼬마, 그 아이로 말하면 저를 가장 잘 따르는 아이입니다. 그리고 좋은 것이라면 무엇이든, 이를테면 새로 나온 학용품이나 만화책 따위를 아까워하지 않고 저한테 가져다주거든요. 저는 이 동무 덕분에 없는 것이 없다시피 학교에 다니고 있어요. 그뿐 아니라 어제처럼 제가 아쉬워하는 것을 알아내어 일러 주기 때문에 반장 노릇 하기가 쉬웠어요.

바로 그 애가 영훈이는 적지 말고 인식이는 꼭 적어 달라는 것이에요. 그래서 그렇게 된 것이지요. 그 꼬마하고 저만 있는 자리에서 말이에요. 세상에 혼자 싸우는 사람이 어디 있겠어요. 그래서 다시 둘다 적었지요. 하지만 그 꼬마가 한 부탁이기에 어쩔 수 없이 영훈이 이름을 지우게 된 것이지요. 이제 제 말은 다 한 셈이지만, 마지막으로 드릴 말씀이 있습니다.

제가 나쁜 사람이 되어 가고 있다는 거예요. 반장인 저 때문에 우리 반 동무들까지도 기분 나쁘게 학교생활을 하고 있어요. 그러다 보니 동무들도 나쁜 사람이 되어 가고 있지요. 글쎄 우리 선생님까지 저한테 속았는지 인식이만 불러다가 꾸중을 하시고 꽝꽝 두 번 머리를 쥐어박고 돌려보내시더라고요. 물론 저는 오늘 안으로 우리 선생님한테 제가 겪은 이야기를 모두 털어놓을 작정이에요. 이런 반장 노릇 더 하다가는 제가 정말로 나쁜 사람이 될 것 같아요.

우리 선생님은 제 이야기를 다 들으신 뒤에 반장을 그만두게 해 달라는 저의 간청을 들어주시겠지요. 그리고 반장의 횡포 속에서 동무들 모두가 비굴하게 학교생활을 하는 우리 반을 밝은 세상으로 고쳐 주시겠지요. 그래서 저랑 제 동무들이 모두 함께 좋은 사람이 되게 해 주시겠지요.

자유당* 정부의 교육정책 아래 모든 초중등학교가 도의 교육, 연구 발표에 안간힘을 다하고 있을 무렵이었다. 국민학교에 신발이 자주 없어져서인지 모든 어린이에게 신발주머니를 가지고 등교하게 하고 당번 학생을 시켜 교문에서 조사하게 한 학교가 있었다. 이윽고 나라 곳곳에서 모여든 교사들 앞에서 도의 교육 시범 수업이 일제히 시작되었다.

조금 전까지만 해도 당번이라고 적힌 팔띠를 두른 채 교문에 서서 신발주머니를 조사했던 당번 어린이가, 신발주머니를 가지고 오지 않았지만 당번 어린이와 한 동네에 사는 동급생인 까닭으로 이름을

---

* **자유당** 1951년에 이승만을 총재로 창당하였으며, 약 10년 동안 있었던 보수 정당이다. 1960년 3·15 부정 선거를 하였으며, 4·19 혁명이 일어나면서 없어졌다.

적히지 않고 교문을 통과한 어린이와 함께 나란히 앉아 있는 5학년 반에서도, 그리고 신발주머니가 없어서 이름도 적히고 교문 옆에 서 있다가 잘 봐주는 윗반 어린이를 만나 그 덕에 적혔던 이름도 지우고 교문을 들어선 어린이가 있는 3학년 반에서도, 또 이도 저도 못 해 이름을 적히고 종이 치고야 교문을 들어선 어린이들이 끼어 있는 1학년과 2학년 반에서도, 한결같이 도의 교육 시범 수업이 진행되었다.

교과서에서도 착한 말씀, 선생님도 착한 말씀. 따라서 그 학교 모든 교실은 온통 착한 말씀으로 휘덮여 있었다. 그러나 그 어린이들은 내일 아침이 되면 또다시 착하지 못한 어른들을 그대로 흉내 낸 어지러운 질서를 체험하게 될 것을 생각하면 교문에서 벌이는 당번 활동이, 그 당번은 물론이요, 그 밖의 모든 어린이에게 얼마나 중요한 영향을 끼치는지 새삼 느낀다.

당번이든 반장이든 교사가 해야 할 일을 덜자고 시켜서는 안 된다. 도리어 반장도 당번도 없이 교사가 하게 되면 가장 좋지만, 학생에게 민주적인 봉사 정신으로 공정하게 일을 처리하는 방법을 가르쳐 주는 더없이 좋은 길이기에 힘은 더 들지만 반장이나 당번을 두어 교육하고 있는 것이다.

공부가 되는 일하기

지난밤에 정말 무서운 꿈을 꾸었습니다. 기절하다시피 저는 뒤로 쓰러졌지요. 뼈만 앙상하게 남은 노인이었어요. 쑥 들어간 두 눈, 걸레 조각 같은 누더기 옷, 비비 꼬인 손발, 저는 얼빠진 채 그저 바라만 보고 있었습니다. 바로 그때였습니다.

"내 이름은 '한국산'이다."

그러고는 저를 내려다보며 이렇게 말하는 것이었어요.

"아까시나무 씨앗을 다오. 나는 그것을 먹어야 젊어지겠다."

저는 더욱 놀랐습니다. 내가 들이며 산을 헤매며 어제 종일토록 아까시나무 씨앗을 모아 온 것을 이 노인이 어떻게 알고 있는 것일까? 저는 이 말이 떨어지기가 무섭게 그 씨앗을 자루째 내놓았습니다. 그랬더니 그 노인이 이번에는 이렇게 말하는 것이었어요. 오른쪽 왼쪽 하나씩 남은 송곳니를 들먹거리면서요.

"아이고, 고맙다. 이젠 네 덕에 내가 젊어질 거야."

노인은 이야기를 계속했습니다.

"너 어제 이 씨앗을 모으러 종일토록 산을 헤매면서 학교 선생님을 많이 원망했지?"

저는 떨렸습니다.

"네네, 그랬어요. 욕을 했어요. 잘못했어요."

제가 빌었더니 그 노인은 웃는 얼굴로 "아니다, 정직해서 좋다"고 하면서 이야기를 들려주었습니다.

"내 이름은 한국산인데, 성이 '한'이고 이름이 '국산'이 아니라 성이 '한국'이고 이름이 '산'이란다. 그런데 내 한국 동포들 가운데는 우선 나를 벗겨서 땔 줄만 알았지 나를 입혀서 잘 살 줄은 모르는 사람들이 아직도 많이 남아 있어요. 3, 4월 두 달은 곧잘 입히더니만 나머지 열 달은 벗기기만 일삼으니 내가 이 모양이 될밖에. 아니 나를 못 벗기도록 엄청난 수효의 산감독을 두기도 했지만 땔감이라곤 내 옷밖에 없는 농촌 동포들이야 밥 지어 먹고 겨울을 나자니 어쩔 수가 없었던 거지. 그래서 '한국산' 나는 이렇게 늙어만 가고 있는데 이제 아까시나무 씨앗을 얻었으니 그만큼 젊어질 거야. 내가 이걸 먹으면 우리 동포가 땔감으로 내 옷을 아무리 벗겨 가도 자꾸만 새 옷이 돋아나거든. 아니 벗겨 가야만 내 새 옷은 더 두툼해지거든. 겉옷만이 아니라 속도 더욱 튼튼해지고. 고맙다, 고마워. 내가 이 씨앗을 먹고 두고두고 우리 동포한테 땔감을 대어 주마. 그 바람에 난 언제나 젊은 모습으로 있게 되고 말이야."

그 노인은 이 말을 마지막으로 어디론가 사라지고 말았습니다. 잠을 깨어 보니 제가 어제 종일토록 모아 온 아까시나무 씨앗은 자루에 담겨 방구석에 남아 있었습니다. 오늘은 책과 함께 아까시나무 씨앗의 자루를 들고 떳떳한 마음으로 학교에 갈 것입니다.

저는 지금 생각해 봅니다. 선생님을 뵈면 지난밤 꿈속에서 노인한테 들은 이야기를 말씀드리렵니다. 정말로 아까시나무 씨앗이 우리나라의 산을 보호하면서 농민들한테 땔감을 대어 주는 길이 될 수 있을지 여쭈어 보렵니다. 그것이 사실이라면 왜 우리 선생님께서는 꿈속의 노인만큼이나마 일을 시키기 전에 가르쳐 주시지 않으셨는지도 여쭈어 보렵니다. 무슨 일이 있어도 오늘까지는 아까시나무 씨앗 반 되 넘게 모아 오라고만 하셨지, 그러지 않으면 큰일이 난다고만 하셨지, 왜 그 일이 책을 읽고 쓰는 것만큼 좋은 공부가 되고, 훌륭한 사람이 되게 하는 일이라는 것을 가르쳐 주시지 않으셨는지 여쭈어 보려고 합니다.

저는 어제랑 그저께 뙤약볕을 쪼이며 점심을 뒤로 미루고 그 씨앗을 반 되나 모을 때까지 들과 산을 헤매자니 속이 상해서 견딜 수가 없었습니다. 어머니나 아버지의 말씀을 들으면 학교는 학교대로 선생님은 선생님대로 딱한 사정이 있나 봐요.

그 사정이야 어떻든 저는 말씀드리렵니다. 까닭을 자세히 가르쳐 주시면서, 다시 말하면 공부가 되라고 하는 일을 시키는 게 아니라면 저희들을 부리는 어른이지 가르치는 선생님은 아니지 않느냐고 말입니다.

저는 배우려는 어린이고 선생님은 가르치는 어른인데 공부가 되는 일을 시킨다면 그저 고마울 따름입니다. 일을 시키지 말라는 말은 결코 아닙니다. 땀 흘려 일을 하지 않고 좋은 사람이 되려는 생각은 해 본 적도 없습니다. 다만 공부가 되는 일만 공부가 되게끔 시켜 주라는 것이지요. 우리한테 공부가 되지 않는 일인데 다른 어른들을 시키면 품삯을 주어야 하니까 선생님을 통해 어린이들한테 시키자는 따위의 생각만은 절대로 하지 말아 주십시오. 저는 꿈속의 노인의 말씀이 참말이기를 바랍니다.

제가 모은 아까시나무 씨앗이 우리 나라의 산을 그만큼 보호하고 우리 농민들한테 땔감을 대어 주는 데 쓰이기를 바랍니다. 꿈속의 노인이 가르쳐 주신 덕분에 그만큼 저는 새 공부가 되고 따라서 새 사람이 되는 일을 한 셈이니까요.

아까시나무 씨앗을 반 되가 넘게 모았으니 오늘은 떳떳하게 학교에 가렵니다.

세계에서도 첫째로 꼽힐 만큼 부모의 자녀 교육열이 높은 우리 나라다. 그렇지만 예부터 전해 내려오는 출세욕이라든가, 노동은 무식한 이들이 하는 것이라는 생각이라든가, 교육받은 사람들은 노동하지 않고 사는 것이라는 생각은 마땅히 고쳐야 한다. 높은 자녀 교육열이 노동을 하지 않고 살아가게 하기 위한 것이라면 이는 몹시 우려할 만한 일이다. 이러한 그릇된 교육열을 바로잡기 위해서는 우선 지금 어른들 사회가 노동을 더욱 존대해야 할 일이지만 그러한 사회가 되게 하려면 학교가 어린이들에게서 노동을 천시하는 생각을 뿌리 뽑아야 한다. 그 지름길은 다름 아닌 노동이 주는 즐거움을 체험시키는 길이다. 땀을 흘리는 것을 보면 육체가 고되기 때문일 텐데, 또 기회와 장소만 얻으면 하려 드는 것이 운동인데, 우리는 이 속에서 노동이 즐거운 체험이 되게 하는 비밀을 찾을 수 있다. 무거운 짐을 지고 산에 올라 편하지 못한 잠을 자고도 도리어 그것이 즐거웠기에 또 가려고 드는 것이 등산인데, 노동도 힘은 들지만 그 속에 즐거움이 있어서 또 하려 들게 하는 길이 있는 것이다.

학생이 체험하는 노동 가운데 가장 흔하게 되풀이되는 것은 학교를 청소하는 일이라 할 수 있다. 하지만 국민학교에서 6년, 중학교와 고등학교에서 각각 3년씩, 모두 12년을 학교 청소라는 '노동 체험'을 쌓고 대학에 진학한 이들 가운데 과연 몇 사람이나 스스로 나서서 제 학교 청소를 하고 있는가?

노동은 되풀이하는 것만으로 그 소중함을 깨닫게 되는 것은 아니다. 그 학생들 경우 청소라는 노동 체험을 쌓으면 쌓을수록 더욱 그 노동은 천시당하고 있는 것이다. 숨이 막힐 지경의 먼지 속에서 한 시간 또는 그보다 긴 시간을 때로는 벌 받기의 하나로 강요당하는 것이 청소라면 그러한 노동에는 괴로움이 따르고 따라서 강요당하지 않으면 안 되게 되어 버리는 것이다.

학생이기에 노동은 처음부터 끝까지 즐거운 체험이어야 한다. 그래야만 그 학생이 노동을 존중하는 사람이 된다. 학생한테 공부가 되어 더 좋은 사람이 되게 하는 것과 관계없는 방식이라면 어떠한 노동도 시켜서는 안 된다.

'공부가 되는 일하기' 이야기 같은 경우, 아까시나무 씨앗을 수집하여 새로운 곳에 연료림을 가꾸면 그만큼 산에 있는 나무를 베어다 때는 일을 줄이게 되어 나라 사랑의 한 실천이 되는 것은 사실이다. 그렇지만 그 어린이는 공부하러 학교에 다니는 학생인 까닭에, 그리고 그 어른은 그 어린이들을 가르치는 교사인 까닭에, 학습과 관계없는 방식으로 그 씨앗을 모아 오라 시켜서는 안 된다. 들로 산으로 아까시나무를 찾아다니며 그 씨앗을 모으는 '노동'이 '하기 싫은 것'이 될 수도 있고, 그런 일을 시킨 교사와 학교, 나아가 다른 어른들 또는 국가기관들까지 원망하는 태도가 생길 수도 있기 때문이다.

우리 나라 산림자원에 관한 새로운 지식, 기능, 태도를 가르치기 위해서 어린이들한테 아까시나무 씨앗 수집을 즐겁게 체험하게 한들, 그러자니 수집된 씨앗의 양이 적고 시간이 더 걸리더라도, 그 교사는 참교육을 한 셈이 되는 것이다.

바보

1

어른들은 정말 바보예요

앞 못 보는 석훈이지만

두 눈 가진 선호보다 뛰어난 재주가 있는데도

그 재주 찾아내어 기르지는 않고

그저 말 못 한다 한탄만 해요

선호는 눈이 보여 얼마나 좋을까

골목길을 찾아서 학교엘 가고

이 책 저 책 뒤져서 읽어도 보고

선생님의 손짓 따라 세상도 보고

앞 못 보는 석훈이에게는

오라는 학교도 없고 맞아 주는 선생님도 없어요

2

어른들은 정말 몰인정해요

말 못 하는 홍국이지만

말 잘하는 선호 못지않은 사람 구실 하는데도

교육 기술 연구하여 가르치지는 않고

그저 말 못 한다 버려만 둬요

선호는 말을 해서 얼마나 좋을까

동무들과 지껄이며 학교엘 가고

이것저것 물어서 알아도 보고

선생님의 물음 따라 대답도 하고

말 못 하는 홍국이에게는

오라는 학교도 없고 맞아 주는 선생님도 없어요

3

어른들은 정말 인색해요

듣지 못하는 정순이지만

잘 듣는 선호도 못 하는 일 해낼 수 있는데도

학교 세워 선생 두어 가르치지는 않고

그저 못 들으니 소용없다 돈만 아껴요

선호는 귀가 들려 얼마나 좋을까

종소리 나기 전에 학교엘 가고

이 노래 저 노래 듣기도 하고
선생님의 말씀 따라 생각도 하고

제대로 듣지 못하는 정순이에게는
오라는 학교도 없고 맞아 주는 선생님도 없어요

4
어른들은 정말 게을러요
잘 걷지 못하는 옥희지만
걷고 달리는 선호보다 나은 인재 될 자질이 있는데도
좋은 머리 착한 마음 서둘러 기르지는 않고
그저 못 걷는다 핑계만 대요
선호는 다리가 성해서 얼마나 좋을까
토끼마냥 뛰어서 학교엘 가고
2층 계단 한숨에 오르내리고
선생님의 호각에 달려도 보고

제대로 걷지 못하는 옥희에게는
오라는 학교도 없고 맞아 주는 선생님도 없어요

5
어른들은 정말 성급해요

소걸음으로 배워 가는 진규지만

빨리 배워 가는 선호나 진배없는 큰 인물 되는데도

차근차근 차례 따져 가르치지는 않고

그저 당장에 못 깨우친다 일찌감치 그만둬요

선호는 빨리 배우니 얼마나 좋을까

제 또래에 뒤섞여 학교엘 가고

제 정도에 알맞은 공부를 하고

선생님 속도에 따라가고

소걸음으로 배워 가는 진규에게는

오라는 학교도 없고 맞아 주는 선생님도 없어요

6

어른들은 정말 앞일에 어두워요

세상에 적응을 못 하고 있는 동만이지만

착한 어린이 선호랑 다름없이

감옥신세 지지 않고 살아갈 수 있는데도

사랑으로 감싸 주어 가르치지는 않고

그저 미워라 처벌만 해요

선호는 적응을 잘해서 얼마나 좋을까

친한 동무 손잡고 학교엘 가고

운동장에 떼 지어 놀아도 보고

선생님께 순종해서 표창도 받고

세상에 적응을 못 하고 있는 동만이에게는
오라는 학교도 없고 맞아 주는 선생님도 없어요

7
현명한 어른들이 되어 주세요
인정 많은 어른들이 되어 주세요
돈 쓸 데 쓰는 어른들이 되어 주세요
부지런한 어른들이 되어 주세요
참을성 있는 어른들이 되어 주세요
그래서
앞 못 보는 석훈이에게도
말 못 하는 홍국이에게도
듣지 못하는 정순이에게도
잘 못 걷는 옥희에게도
느리게 배우는 진규에게도
적응을 못 하는 동만이에게도
찾아갈 학교가 있고
안겨서 배울 선생님이 있게 해 주세요

윗글은 한마디로 특수교육의 확충을 제창한 것이다. 우리 나라가 일본 제국주의로부터 해방이 되면서 학교만큼 그 수가 늘어난 것도 없으련만, 진정으로 학생들을 위한 좋은 교육이었느냐에 이르러서는 뉘우치는 바가 많은 것이다. 그런데 특수교육의 확충은 어떠했던가. 다만 가슴이 아플 지경이다. 몇몇 좋은 특수교육기관이 생겼지만 민간 독지가와 전문가들이 개척한 것에 지나지 않는다. 정부의 정책으로 모든 학교가 특수교육을 강조하게끔 되었다고는 하지만 안 하는 것보다는 나은 정도라고 할 수 있을까.

윗글에서 학교 세워 어린이들을 가르치게 하는 일에 관계된 어른 더러 바보라 한 것은 까닭이 있다. 욕하며 바보라고 해서는 안 될 말이지만, 진실을 모르는 이들이라서 한 말이라면 사실 그런 것이다. 몸이 정상인 어느 누구도 못 해낼 만큼의 명강의를 해내는 앞 못 보는 교수도, 명작을 내놓아 세상을 즐겁게 하는 말 못 하는 예술가도, 인술을 베풀어 목숨을 살려 놓는 다리 저는 의사도 얼마든지 있다. 그들은 다만 못 보고, 못 듣고, 못 달릴 뿐 남달리 머리가 좋고 마음이 착하고 의지가 굳센 것이다. 어째서 잘 보고, 말 잘하고, 잘 달리는 어린이들과 그렇지 못한 어린이들을 교육에 있어 차별해야만 할 것인가.

물론 특수 아동 모두가 머리가 좋고 마음 착하고 의지가 굳센 것은 아니다. 그들을 가르치기만 하면 모두가 큰 학자나, 예술가나, 의사가 되는 것도 아니다. 그러나 몸이 성한 이들도 매한가지인 것이다. 잘 보고, 잘 듣고, 잘 달리는 사람들을 우선으로 교육하다 보니, 못 보고, 못 듣고, 못 달리는 사람들이 교육에 있어서 뒤처진 것이다.

이를 도리어 자연스럽다고까지 주장할 사람이 있을 것이다. 그러나 이는 더욱 진실에 어긋나는 생각이니 엄밀히 말해서 그런 사람은 실제로 존재하지 않는다. 어느 한 특수 아동한테는 어느 한 정상 아동보다 반드시 나은 자질이 있게 마련이고, 그 반대 또한 있다. 바꾸어 말하면 정상과 특수의 차이(이를테면 '본다'와 '못 본다'의 차이) 말고 그 밖의 것들은 정상 아동이 특수 아동과 같을 수가 없는 것이고, 더군다나 정상 아동이 한결같이 더 나을 수도 없다.

한마디로 정상 아동과 특수 아동의 차이는 정상 아동끼리 또는 특수 아동끼리의 차이와 정확하게 같다. 특수 아동이 특수 아동이라는 까닭으로 교육 대상으로서 차별받아서는 안 된다. 차별해 온 과거는 정상 아동과 특수 아동에 대한 진실을 모르는 데서 비롯된다. 그런 뜻에서 바보라고 하는 것이다.

없어져야 할 아홉 가지 시늉

하나. 선생님, 누가누가 잘하나, 우리를 경쟁시키는 것은 우리를 가르치는 시늉입니다.

잘한 아이들은 집에서 더 배운 거고 못한 아이들은 집에서 못 배운 것뿐이에요. 선생님한테 배우려고 학교에 온 우리들을, 시늉만 마시고 진짜로 가르쳐 주세요.

둘. 선생님, 누가누가 잘하나, 우리를 경쟁시키는 것은 우리를 지도하는 시늉입니다.

잘한 아이들이야 제 부모가 잘나서인데, 자기가 잘난 줄 우쭐하게 만들고, 못한 아이도 제 부모한테 지도받지 못해서인데, 자기가 못난 줄 알고 기죽게 하는 것뿐이에요. 선생님한테 지도받으려고 학교에 온 우리들을, 시늉만 마시고 진짜로 지도해 주세요.

셋. 선생님, 우리를 경쟁시켜 잘한 아이 상 주고, 못한 아이 벌주는 것은 모든 아이가 잘할 수 있게 채찍질하는 시늉입니다.

아이들이 받는 상과 벌은 집안의 보살핌이 많거나 적어서인데, 상 받은 아이는 집안의 보살핌을 더욱 받게 되지만, 벌 받은 아이에게 돌아오는 것은 집안의 구박입니다.

집안의 보살핌이 모자라 선생님한테 온 우리들을 상과 벌로 채찍질하는 시늉일랑 마시고, 집안의 보살핌이 없는 아이일수록 신바람 나게 해 주세요.

넷. 선생님, 우리에게 교과서만 가르치고 그 안에서만 시험 치는 것은 우리를 열심히 공부하게 만드는 시늉입니다.

우리 둘레에는 지금 바로 알아야 할 것투성이인데 그것을 가르쳐 주시지는 않고, 마음씨 착하고 됨됨이가 발라야 사람답게 클 수 있는 데도 교과서대로만 외우게 몰아대시는 것뿐이에요.

열심히 공부해서 사람 되려고 학교에 온 우리들을, 시늉만 마시고 진짜 산지식이 몸에 익을 수 있도록 마음과 됨됨이를 바로잡아 주세요.

다섯. 선생님, 우리를 콩나물 교실에서 가르치는 것은 한 아이라도 더 가르치려는 시늉입니다.

나이야 모두 같고, 귀야 모두 성하지만, 선생님 말씀을 잘 알아듣는 아이들은 좋은 집안의 공부 잘하는 몇몇뿐이에요.

교실도 더 짓고 선생님도 더 모셔다가, 집안이 어려운 공부 못하는 아이들도, 시늉만 마시고 진짜로 알아듣게 가르쳐 주세요.

여섯. 선생님, 어른들도 돈을 받지 않으면 하기 싫어하는 고된 청소를 우리에게 날마다 시키는 것은 청소와 꾸미는 습관을 기르는 시늉입니다.

어른들에게도 힘든 일을, 그것도 먼지 마시고 더러운 것을 만지며 하자니 몸에도 해롭고 기분도 나쁩니다. 그래서 우리가 학교에 다니면서 청소를 할수록 청소하기 더 싫어하게 되나 봐요. 우리 몸에 해롭지도 않은 청소는 할수록 기분도 좋아서 더 하게 돼요.

어른들이 다니는 일터처럼 우리 학교에도 돈 받고 청소하시는 어른들을 따로 두어서 깨끗하고 아름다운 학교에서 기분 좋게 공부하고 싶은 우리들에게, 시늉만 마시고 진짜로 청소와 꾸미는 습관을 길러 주세요.

일곱. 선생님, 돈도 있고 힘도 센 어른들은 세상에 못할 일이 없겠지만, 나라보다 돈을 더 사랑하고 부모보다 힘을 더 섬기면서, 돈도 힘도 없는 우리에게 충성하고 효도하라 가르치시는 것은 시늉입니다.

나라의 주인은 국민들인데, 어른들부터 남보다 앞장서서 아이 노인 할 것 없이 고루 위해 주면, 우리들이야 어른들을 보고 듣고 배우고 실천하는 것이 곧 충성과 효도일 거예요.

어른들보다 더 훌륭한 사람이 되어 더 좋은 나라 만들고 싶어서 학교 다니는 우리에게 시늉만 마시고 진짜로 충성과 효도를 배울 수 있게 앞장서 주세요.

여덟. 선생님, 공장 세워 만든 물건으로 수출해서 돈 번 지 10여 년 동안 우리 자연은 강산도 논밭도 바다도 하늘도 더럽혀지고 있는데, 고작 유적지나 관광지를 청소하게 하는 것은 자연보호 교육의 시늉입니다.

어른들이 공장 세워 잘사는 거야 어른들 마음이지만, 자연만은 더 럽히지 않고 넘겨주어야 우리도 그 뒤에 잘 살 수 있지요. 어른들이 공장으로 더럽힌 자연, 어른들이 다시 되돌려 놓으신다면 아이들이 야 어른들을 보고 듣고 배우고 실천하는 게 자연보호일 거예요.

지금의 어른들보다 자연보호 잘해서 후손에게 물려주려고 학교 다니는 우리에게, 시늉만 마시고 진짜로 자연보호를 할 수 있게 해 주세요.

아홉. 선생님, 땀 흘려 밤낮없이 힘을 모아 고된 일 하는 농촌 어른들인데 사는 걸 보면, 도시 부자들과의 차이가 더욱 벌어지는 건 어째서일까요? 적어도 지금 농촌 어른들보다야 나은 삶을 살아 보려고 학교에 다니고 있는 우리에게 근면, 자조, 협동만 가르치시는 것은 새마을 교육의 시늉입니다.

조상들이 물려준 마을에서 새 마을을 꾸며 놓고 새 사람이 되려고 학교 다니는 우리에게, 시늉만 마시고 진짜로 새마을 교육을 시켜 주세요.

2장

사람답게 자라나는 교육을 하자면

일등도 꼴찌도 없는 교실

하루 1학년 생활

선생님께서 교육 전문지에 쓰신 '1학년만을 10년을'이라는 글을 읽고는 선생님 반을 꼭 찾아뵙고 싶어졌습니다. 10년 동안 국민학교 1학년만 가르치셨다고 찾아뵈려 한 것은 아니었습니다. 보통학교* 1학년 때 저와 똑같은 어린이가 선생님 반에 꼭 있을 것만 같았습니다. 저를 그 이전의 저와 다른 새 어린이가 되게 해 주신 제 선생님처럼, 선생님께서도 어린이 한 명 한 명을 그 이전과 다른 새 어린이가 되게 하시는 것 같았습니다.

저는 1학년 때 그 선생님한테서 배운 뒤 중등교육을 거쳐 대학에서 교육학을 전공했습니다. 그래서 페스탈로치를 알게 되었습니다.

---

* **보통학교** 일제강점기에 우리 나라 사람들한테 초등교육을 하던 학교.

저는 선생님 글을 읽는 동안 페스탈로치의 글인가 싶었습니다. 어린이를 보는 선생님의 마음가짐이 페스탈로치의 마음가짐과 비슷하게 느껴졌던 것입니다.

페스탈로치는 결코 어렵고 까다로운 방법으로 어린이를 교육하지 않았습니다. 그는 평범한 어린이마다 그 이전과는 다른 새 어린이가 되게끔 교육해 사람들의 숭상을 받고 있습니다. 그런 교육이 가능했던 까닭 가운데 하나가 '어린이를 보는 마음가짐'에 있었습니다. 선생님께서도 분명 평범한 어린이들 하나하나를 지난날과 온통 다른 새 어린이가 되게끔 교육하고 계실 것 같았습니다. 그래서 선생님을 찾아뵙기로 한 것이었습니다.

그날 하루 선생님 반에서 국민학교 1학년이 된 마음으로 다른 어린이들과 함께 교육받았습니다. '하루 선생 노릇'이 아닌 '하루 1학년 노릇'을 해 보았더니 공부하는 1학년이 얼마나 애쓰는지 알 만했습니다. 그리고 하루 동안 국민학교 1학년이었던 저한테도 보람이 있었습니다. 선생님께서는 그날 종일토록 하루 학생인 저를 참으로 공들여 가르쳐 주셨습니다. 고마운 나머지, 숙제를 하는 심정으로 이 글을 올립니다.

이 숙제에 제목을 붙이자면 '어린이마다 거듭나게 하고 있는 선생님의 어린이관' 또는 '선생님의 어린이관과 거듭나기 교육'으로 하겠습니다. 그날 네 시간은 어린이들과 함께 앉아 공부를 하고 어린이들이 집에 가고 없을 때에는 저 혼자 몇 시간 동안 선생님께 배웠습니다. 그 하루 동안 선생님의 작은 한 면이나마 꽤 깊이 이해할 수가 있었노라 자부합니다.

선생님께서는 그날 어린이들이 학교에 와서 집으로 돌아가기까지 한 명도 빠뜨리지 않고 다가가셨습니다. 저는 반 아이들 이름표를 들고 다니며 선생님이 만난 어린이마다 이름에 표시해 두었지요. 네 시간 공부를 모두 마칠 때까지 선생님과 따로 만나지 못했던 어린이가 두 명 있었습니다. 그러나 그 둘마저, 하나는 교실 밖 복도에서, 또 하나는 운동장에서 선생님과 이야기를 주고받았습니다.

선생님은 어린이와 이야기할 때마다 '수복아' '혜경아', 이렇게 성을 빼고 이름만 부르셨습니다. 교실에서 여러 어린이를 가르치실 때는 어린이 모두한테 말씀하셨지만, 그 뒤에 한 어린이마다 만날 때에는 앞서 하신 그 말씀이 그 어린이 하나하나한테 하신 말씀이었습니다.

여러 어린이가 한 선생님한테 배우자니 모두 같은 말로 한꺼번에 대답했지만 그 뒤에 선생님께 이름 불려 말할 때에는 앞서 한 대답이 선생님께 저 혼자 드린 것이었습니다. 선생님께서는 어린이들 한 명 한 명을 가르치셨고 어린이들 역시 한 명 한 명 선생님께 배우고 있었습니다. 몸으로는 선생님 한 분이셨지만 마음으로는 꼭 어린이들 수만큼 여러 선생님이 계셨던 것이지요. 몸으로야 여러 어린이들이 한 교실에 모여 있었지만 마음으로는 혼자서 선생님께 배우고 있었습니다. 겉으로야 우리 말과 셈을 가르치셨지만 속으로는 '성호'와 '진경이'를 가르치셨습니다.

서둘러 말할 때 더듬는 성호한테는 마음 놓고 공들인 다음에 말할 수 있게 하셨고, 셈 많은 진경이한테는 셈 능력이 지난날보다 나아진 것을 칭찬하며 셈을 풀게 하셨습니다. 말하자면 국어 선생님, 산수 선생님이었다기보다 '성호' 선생님, '진경이' 선생님이었습니다. '성호'의 선생님으로서 더듬지 않고 말하게끔 지도하셨고, '진경이'의 선생님으로서 샘내지 않고 셈하게끔 이끄셨습니다. 생각하면 선생님한테는 그냥 어린이가 없었습니다. 선생님한테는 '성호'와 '진경이'가 있었던 것이고, 그 '성호'는 '말 더듬는 성호'였고 '진경이'는 '샘 많은 진경이'였습니다.

늘 움직이고 변화하는 어린이들 하나하나를 보는 선생님이었기에 한 달 전 어머니를 잃은 '순자'한테는 공부 끝나고 운동장에 나갈 때마다 머리를 쓰다듬고 볼을 어루만져 주셨습니다. 늘 허름한 옷만 입고 다니다가 외할머니가 사다 주신 새 옷을 입고 온 '길남이'한테는 국어 시간에 그 기쁨을 말하게 하셨고요.

한걸음 더 나아가, 어린이마다 가진 역사를 보는 선생님이었습니다. '순자'한테는 한 달 전에 어머니를 잃었다는 그만의 역사가 있었고, '길남이'한테는 늘 허름한 옷만 입고 다녔다는 그만의 역사가 있었던 것이지요.

그것뿐이 아니었습니다. 사람 안에서 관계 맺고 있는 '길석이'와 '순재', 그리고 자연 안에서 관계 맺는 '경희'와 '옥분이' 이야기 말입니다. 같은 또래들 사이에서 공부하며 놀고 있으니 '길석이'와 '순재'는 다를 것이 없으련만, '길석이'한테는 같이 놀자는 동무가 하나도 없었고 '순재'의 동무는 열 명이 넘는 것을 알아내신 선생님이었습니다. 무심코 어린이들 보는 앞에서 심부름을 자주 시킨 것이 어린이들의 '순재'에 대한 신뢰를 높였고 열 명이 넘는 동무가 그한테 생기게 되었다는 것을 아셨던 것이지요. 그래서 일부러 '길석이'한테 심부름을 거듭 시키시어 얼마 뒤 그 아이한테도 같이 놀자는 동무가 세 명이나 생기게 되었습니다.

3킬로미터나 떨어진 곳에서 학교를 다니는 '경희'한테는 체조 시간 나무 그늘에 앉아서 쉬게 하셨고, 우산이 없어 비 맞고 집에 돌아가야 할 '옥분이'한테는 이웃에 사는 '복만이' 우산을 함께 쓰게 하셨습니다.

선생님은 '길석이'와 '순재'를 다른 사람들과의 관계 속에서 보셨고, '경희'와 '옥분이'를 자연과의 관계 속에서 보셨던 것이지요.

일등도 꼴찌도 없는 교실

저는 어린이를 대하시는 선생님의 마음가짐에 있어 또 다른 면을 알게 되었습니다. 그냥 어린이가 아니라 '복남이'고, 그냥 '복남이'가 아니라 '졸고 있는 복남이'고, 그냥 '졸고 있는 복남이'가 아니라 '단칸방에서 술과 음식을 파는 어머니 밑에 자라, 늘 밤 열두 시나 되어야 잠자리에 드는 바람에 학교에서 졸 수밖에 없는 복남이'고, 더 나아가 '한 해 전에 아버지가 돌아가시자 이렇다 할 유산도, 특별히 배운 기술도 없어서 남매를 거느리고 단칸방에서 술과 음식을 파는 어머니가 한 말씀 따라 집 앞에서 서성대다가 손님이 모두 가고 청소를 마치는 밤 열두 시가 되어서야 집에 들어가서 자는 복남이'를 보실 줄 알았습니다.

그래서 복남이의 하루 학교생활 가운데 잠자는 한 시간을 마련해 주시는 선생님이셨습니다. 공부하러 학교에 온 복남이더러 잠자라 하신 선생님을 선생답지 않게 보는 이도 있을 것입니다. 저는 도리어 복남이한테 진짜 공부할 수 있는 길을 찾아 주신 것으로 생각되었습니다. 선생님께서는 복남이의 잠자기랑 공부하기가 한데 이어져 있다는 것을 아시고 그를 재우셨습니다. 선생님은 복남이의 '몸'을 '마음'에서 떼어 보지 않으신 것입니다.

몸이니 마음이니 하는 말은 따로 있지만 실제로 몸과 마음이 따로 노는 것은 아니라는 것, 다시 말해 '몸 재우기'가 '마음 닦기'랑 '공부'로 이어져 있음을 아시고 학교에 온 '복남이'를 재우신 것입니다. 선생님께서는 '복남이'를 '하나의 전체'로 보신 것이지요. 따로따로 나눌 수 없는 마지막 한 덩어리로 말입니다.

어린이를 보는 선생님의 마음가짐에는 어린이마다 귀하게 여기는 면이 있습니다. 선생님의 반에는 일등도, 꼴찌도 없었습니다. 어린이 모두한테 서열을 매기지 않으셨습니다. 어린이마다 하늘과 땅을 합친 것만큼의 값이 있다고 믿고 있기 때문입니다.

선생님한테는 이 세상에 없어도 그만인 어린이가 없었습니다. 자기가 아니고는 안 될 일이 아이들의 장래에 기다리고 있습니다. 바로 그 일을 할 수 있는 사람이 되게 하려고 지금 아이들을 가르치는 것이었습니다. 선생님께서 어린이마다 이렇게 보시는데, '나까짓 것 있

으나 마나'라 생각하던 '복남이', 제 또래를 향해서 '네까짓 것 없어
도 그만'이라던 '순재'가 달라지지 않을 리 없었습니다.

자기의 값을 더 믿는 그만큼 더 학교생활에 자신을 갖게 되더니 공
부를 하기 싫어하던 '길석이'는 숙제를 달라고 조르게 되고, 아침밥
을 안 먹고 학교에 오던 날이 많던 '경희'는 어머니가 주시는 음식을
가리지 않고 먹고 오게 되었습니다. 걸핏하면 누구한테나 욕설과 주
먹으로 대하던 '길남이'는 고운 말씨에 온순해졌으며, 핑계 대어 자
주 결석하던 '성호'가 두 달째 개근이며 남보다 먼저 학교에 와서 창
문을 열어 공기를 바꾸게끔 되고, 며칠을 두고 보아도 남이 물어야
입을 떼던 '순자'는 공부 시간에 스스로 남 앞에 나서서 말하게 되었
습니다.

이 모두는 어린이를 보시는 선생님의 마음가짐이 어린이마다 거듭
나게 한 것입니다.

다시 태어난 나의 1학년 시절

제가 보통학교에 다니던 때는 한 해가 3학기로 나뉘어 있었습니다.
3학기는 겨울방학이 끝나서부터 3월 말까지로 되어 있었어요. 그 3
학기 첫날 첫 시간에 있었던 일입니다.

교실에 들어오시는 선생님과 눈길이 마주쳤습니다. 저는 거의 반
사적으로 고개를 숙였습니다. 선생님 표정을 살펴볼 겨를도 없이 꽤

오랜 시간이 흘렀다고 느꼈을 때 이제 딴 학생을 보고 계시겠거니 생각하고 고개를 들었습니다. 하지만 여전히 저를 보고 계신 것이었습니다. 이번에는 겁에 질려서 고개를 떨어뜨렸습니다. 아까보다 더 오랜 시간이 지났다 싶어 고개를 들었는데 아직도 저만 보고 계셨습니다. 이제는 얼굴도 못 돌리고 될 대로 되라고 생각했습니다.

급장의 구령에 맞추어 다 같이 인사를 한 뒤에도 선생님은 저만 보고 계셨어요. 드디어 선생님께서 처음으로 입을 떼셨습니다. 일제강점기 때라 일본말로 물으셨습니다.

"우리 학교 운동장에는 무슨 나무가 있느냐?"

운동장 둘레에는 벚나무와 미루나무가 있었습니다. 물론 일본말로 대답하는 거였지만 그것쯤은 바보 천치가 아닌 다음에야 입학 뒤 두 주만 지나면 누구나 대답할 수 있는 쉬운 물음이었습니다. 그런데 두 달도 아니고 여덟 달 동안 일본말로 배운 우리한테 그걸 물은 것이었습니다.

모두 쏜살같이 손을 쭉 뻗고 흔들면서 선생님께 이름을 불러 달라고 아우성이었습니다. 그러나 저만은 손을 들지 못했습니다. 벚꽃과 미루나무가 일본말로 무엇인지는 생각나는데, 그다음 말이 일본말로 생각나지 않아서였습니다. 선생님께서는 여느 때 같으면 먼저 힘차게 손든 학생 이름을 부르셨겠지만 그날은 말없이 손 안 드는 저만 보고 계셨습니다.

저는 설마 저를 시킬 리가 없다 싶어 엉거주춤 손들었습니다. 이게 웬일입니까! 제 이름을 부르는 것이었습니다. 저는 일본말로 벚꽃이라고 힘없이 뇌까렸습니다. 그러자 선생님이 저한테로 오시는 것이 아니겠습니까!

벌주려고 오시는 게 틀림없었습니다. 저는 고개를 숙이고 눈을 감고 이를 깨물고 어깨에 힘을 주었습니다. 선생님의 두 발이 제 앞에서 멈췄습니다. 선생님의 두 손이 제 머리 위에 얹어졌습니다. '알밤'이라도 주는 날에는 맞을 각오가 돼 있었습니다. 한편으로는 체념했고요. 그런데 이게 웬일입니까! 선생님께서는 두 손으로 그저 제 머리를 쓰다듬을 뿐이었습니다. 뭐라고 말씀도 안 하시면서 말입니다. 저는 믿어지지 않았습니다.

지난 4월에 입학한 뒤, 선생님의 물음에 손들어 본 것이 3학기 첫날인 그날이 처음이었습니다. 손들지도 않았는데 선생님께 이름이 불리고는 대답을 못 해서 창피당해 보기는 여러 번이었어도, 손들어 질문에 대답하는 것은 학교에 들어온 이래 이번이 처음이었습니다. 때리실 줄만 알고 있던 저를 선생님이 도리어 쓰다듬다니, 저는 믿을 수가 없었습니다. 끝내 알밤은 받지 않았습니다. 교단으로 되돌아가시는데 그제야 저는 고개를 들고 선생님 뒷모습이나마 바로 볼 수 있었습니다.

교단에 오르신 선생님은 우리를 바라보고 계셨습니다. 선생님은 저를 보고 계셨습니다. 화사하고 온화한 표정이었습니다. 선생님이 진심으로 제 머리를 쓰다듬으셨다고 저는 믿습니다.

선생님은 그 표정 그대로, 저를 보며 다시 물으시는 것이었습니다. 그 밖에 무슨 나무가 있느냐고 말입니다. 저는 마지막 말까지 듣지도 않고 손을 번쩍 들었습니다. 쭉 뻗어 보았습니다. 다른 아이들처럼 저도 손끝을 흔들어 보았습니다. 저를 시켜 달라고 소리도 내 보았습니다. 허리까지 꼿꼿이 세우고 시켜 달라고 했습니다. (그 뒤로 40여 년의 세월이 흘러 보통학교 1학년 시절에 있었던 일은 서너 가지밖에 기억이 안 나지만, 이 3학기 첫날 첫 시간에 있었던 일은 제 숨소리까지 기억납니다.)

그런데 이게 웬일입니까! 연거푸 이름이 불리었습니다. 저는 일어서서 차려 자세를 제대로 갖추었습니다. 아랫배에 힘을 줄 만큼 여유도 있었습니다.

"미루나무가 있습니다."

제대로 대답을 했습니다.

이야기는 조금 전으로 거슬러 올라갑니다만, 제 머리를 쓰다듬으시고 교단으로 가서 저를 보고 웃음을 지으실 때 저는 온몸이 떨렸습니다. 그 순간 오랫동안 저 스스로를 '바보'로 여겨 제 마음을 사로잡고 있었던 온갖 잡귀가 삼십육계를 놓았다고 할까요. 아무튼 제 머리가, 아니 온 마음이 해방을 맞은 것이지요.

생각해 보면, 그 순간적인 떨림이란, 제 스스로 제 속의 잡귀를 몰아낼 때의 몸부림이었다고 해야 사실에 좀 더 가까울 것 같군요. 제가 제 마음속에 일으킨 혁명의 고동 소리였다고 보아야 할 것 같습니다. '나 같은 것 있어 봤자'라던가 '사는 날까지 잡아 잡수 하고 그냥 있어 보는 거지' 따위, 제 마음을 짓누르고 밟기까지 해 온 그 무엇, 일종의 허상을 몰아낸 것이었습니다. 그러고는 제가 제 마음을 잡는 순간이었던 것이지요.

저도 제 머리가 한꺼번에 트여서 놀랐습니다. 종이 한 번에 주인이 된 것이었어요. 생각의 자유를 부리는 주인 말입니다. 저는 선생님 물음에 대답을 하고 있었을 뿐 아니라 자유인이 됐다고 선언하고 있었습니다.

그런데 그때 우리 선생님은 제가 제대로 대답하자 난데없이 반에서 교과서를 공책에 베끼느라 고개 숙이고 있던 2학년과 3학년생들을 불러 대셨습니다. (학년마다 학생 수가 얼마 안 되어 1, 2, 3학년이 같은 교실에서 같은 선생님한테 배우고 있었습니다. 선생님이 다른 학년을 가르치는 동안 으레 공책에 교과서를 베끼도록 훈련되어 있었습니다.)

모두 고개를 들고 선생님을 바라보자, 이번에는 저를 손으로 가리키시며 저 아이 좀 보라고 하시는 것이었습니다. 2, 3학년 눈길이 한꺼번에 제 얼굴에 쏟아졌습니다. 그때 저는 고개를 숙이지 않았습니다. 똑똑히 기억하고 있습니다. 그리고 그것이 태어나 처음이었습니다. 볼 테면 보라는 듯이 그대로 얼굴을 들고 있었을 뿐만 아니라 저는 2, 3학년생들을 도리어 쏘아보기까지 했던 것입니다. 남들이 아니고 저한테 있어서만은 이 사실이 엄청난 의미를 지니고 있는 것입니다.

옆에 앉은 짝의 옆구리를 쥐어박거나 한창 글씨 쓰는데 공책을 잡아당기곤 하던 저였습니다. 그 동무는 선생님께 이르고 선생님은 저를 일으켜 세워 두셨습니다. 그때는, 선생님이 바라보라고 한 것도 아닌데 모두 저를 힐끔힐끔 쳐다보는 것이었습니다.

얼마 동안 얌전하게 서 있다가도 반 아이들이 쳐다보는 것이 속상해서 이번에는 서 있는 채로 짝의 머리를 건드리려다 교실 뒤편으로 나가서 혼자 서 있기도 했습니다. 그래도 말 안 들으면 교실 밖 복도에 세운 적도 있었습니다. (지금 저는 그 선생님을 원망해서 이 말씀을 드리고 있는 것은 아닙니다. 다른 아이들한테 피해를 주니까, 그걸 막기 위해서라도 저를 따로 떼어 놓으신 것은 당연하다고 생각합니다.)

공부가 끝났음을 알리는 종소리가 들리고 동무들이 쏟아져 나올 때면 저는 벽을 향해 몸을 돌려 얼굴을 숨겼습니다. 남들이 보기 싫었던 것입니다. 얄궂은 동무는 벽을 보고 서 있는 제 앞에까지 끼어들어 제 얼굴을 치켜 보기까지 하는 것이었습니다. 입학 뒤 줄곧 이랬던 저입니다.

그런 제가 이번에는 고개를 들고, 보라는 듯 도리어 그들을 되쏘아 보기까지 하였습니다. 처음으로 저는 저를 찾은 것이었습니다. 거짓 모습이 아닌 참모습을 갖춘 것이지요. 본래의 저로 돌아온 것이었습니다. 사실은 누구한테나 주어진 존재 이유를 저는 이제야 찾아 지닌 것이었습니다. 이제는 '나 같은 것 있어 봤자'가 아니라 '나도 있을 만하다'였고 이제는 '사는 날까지 잡아 잡수 하고 그냥 있어 보는 거지'가 아니라 '나도 나의 주인이 되어 나를 살아 보련다'였던 것입니다.

남들의 눈길을 난생 처음으로 피하지 않고 되쏘아 보기까지 한 저의 마음속 밑바닥에는 새로운 삶에 대한 의욕이 용솟음치고 있었던 것입니다. 거듭나고 있었던 것입니다. 보통학교 1학년 3학기 첫날 첫 시간에 있었던 나머지 이야기는 잊었습니다. 거듭나기 시작한 제가 그 시작 이후 하루를 어떻게 살았는지 말씀드리렵니다.

두 손바닥을 펴고 들여다보았습니다. 바지를 움켜쥐었습니다. '놓지 말라' 명령을 내렸습니다. 제가 저한테 내린 명령이니 '자율'이었습니다. 저는 그날 짝을 괴롭히지 않았습니다. 벌 받지 않고 공부를 모두 마쳤습니다. 집으로 달려갔습니다. 길은 좋지만 돌아가야 하는 신작로로 가지 않고 논두렁 지름길로 달렸던 것입니다.

공부 끝나면 누구나 집에 가게 마련인 것을 무엇이 대단해서 이야기하느냐 하실지도 모르겠습니다. 남들이야 그렇기로 저한테만은 이 또한 중대한 변화임에 틀림없습니다.

아버지 손을 잡고 학교에 간 입학식 날과 그다음 날을 빼놓고는 학교 공부가 끝났다고 곧장 집으로 간 적이 없었으니까요. 한동네에 사는 5학년 학생이 공부를 끝내고 나올 때까지 운동장 구석에서 기다려야만 했습니다. 그 5학년 학생 책보를 받아 들고 뒤따라야만 했습니다. 그 학생은 요구를 들어주지 않으면 폭행을 휘둘렀기 때문에 늘 공포 앞에 떨며 살아왔습니다. 억지로 종살이를 해 온 것입니다. 그런데 저는 그날 제 공부가 끝나는 대로 집으로 갔습니다. 종살이를 거부하고 자유인으로서의 행동을 실천한 것이었습니다.

'바지 자락 쥐어 잡고 놓지 말라'는 명령을 저 자신한테 내린 것도 작은 변화가 아니었지만 학교 공부가 끝나는 대로 집으로 달려간 것은 더욱 큰 변화라 생각합니다. 집이 저만큼 보일 때 어머니를 불러 댔습니다. 마당에서 나와서 맞아 주는 어머니한테, 오늘 선생님께 칭찬 들었다고 말씀드렸습니다. 어머니는 물론 좋아하셨습니다. 그러나 그 참뜻은 모르셨습니다. 종살이하고 돌아왔을 때에도 천연덕스럽게 그런 거짓말을 해 왔으니까요. 오늘은 정말로 칭찬을 들었다고도 말했지만 어머니는 그냥 웃으실 뿐 더 이상의 반응이 없었습니다.

점심을 먹고는 책보를 끌렀습니다. 왜 오늘은 점심 마치기가 무섭게 나가지 않느냐고 묻지 않으셨지만 점심상을 물리자마자 책보를 끄르는 뜻을 모르시는 것 같았습니다. 스스로 숙제를 하고자 함이었습니다.

'책을 열 번 읽고 열 번 베껴라' 그전에 선생님이 주시던 숙제를 그대로 좇아 하기로 했습니다. 하지만 읽으려고 했더니만, 글을 알아야지요! 어머니께서는 한글도 모르시는데 일본말을 아실 리가 없었습니다. 그러나 베끼는 거야 일본말을 몰라도 할 수 있었습니다. 베끼면 되니까요. 열 번을 베끼자니 보통 일이 아니었습니다.

해가 짧은 겨울의 저녁밥인지라 오후 다섯 시도 안 되었을 것입니다. 저녁상이 들어왔을 때에도 책상도 없이 방바닥에 엎드려 숙제를 하고 있었으니까요. 생각하면 뜻도 알고 쓰는 것도 한두 시간이면 힘이 빠지고 싫증이 나는 법인데 뜻도 모르는 채 너덧 시간을 베끼기란 예삿일이 아닙니다. 얼마나 마음을 굳게 먹었으면 그렇게까지 저를 몰아댔을까 싶습니다. 아무튼 그 이전에 없었던 저의 모습인 데에는 틀림없었습니다. 아주 딴사람이 되어가고 있었던 것입니다.

어머니와 저녁밥을 먹는 동안 저는 어머니를 졸라 댔습니다. 어머니가 한동네 6학년 학생 어머니한테 부탁을 해서 그 6학년 학생이 나를 가르쳐 주기를 간곡하게 말씀드렸습니다.

저녁을 다 먹고 저는 책을 들고 어머니 따라 그 6학년 학생 집으로 갔습니다. 제 부탁을 받아 주었습니다. 저는 책을 폈습니다. 6학년 학생이 읽어 줍니다. 어느 줄 어느 글자를 읽는 건지는 몰랐지만 온 힘을 다 내어 귀를 열고 있었습니다. 다섯 번쯤 읽어 주었을 때입니다. 제가 한번 읽어 보겠다고 했습니다. 고개를 숙여 책을 보고 읽었지만 실은 귀로 들은 것을 외우고 있었습니다.

6학년 학생이 맞았다고 했습니다. 다시 읽었습니다. 이번에도 틀리지 않았다고 했습니다. 저는 신이 나서 다시 외웠습니다. 이번에도 잘 읽었다기에 저는 일어섰습니다. 고맙다고 인사라도 하는 날에는 외운 것을 잊을까 봐 그 집을 그냥 나왔습니다. 걸어오면서 되풀이해 외웠습니다.

집에 와서도 외웠습니다. 시계가 없었으니 몇 시에 잤는지도 모릅니다. 밤이 이슥하도록 그 몇 마디 글을 되풀이해 외우는 것이었습니다. 하룻밤 자고 일어나면 잊어버릴까 봐 몹시 걱정되었지만 잠은 잤습니다. 눈뜨자마자 외워 보았습니다. 외워졌습니다. 맞았는지 틀렸는지 말해 줄 사람은 없어도 제 귀, 제 입술, 제 혀에 아직도 남아 있는 흔적을 더듬어 보니 아침에 외운 것이 어젯밤 그것이었습니다.

저는 아침밥을 먹자마자 곧장 학교에 갔습니다. 어제까지 5학년 폭군 학생 집 앞에 가서 주인 나오기를 기다리는 개처럼 있지는 않았습니다. 교실에 가 자리에 앉았습니다. 이윽고 선생님이 들어왔습니다.

이번에는 마주치는 선생님 눈길을 피하지 않았습니다. 선생님도 어제처럼 저만을 보고 계시지는 않았습니다. 1학년 앞에 섰습니다. 선생님의 첫마디는 으레 '누구 읽을 사람?'이었습니다. 오늘도 누구의 '누' 소리만 들리면, 맨 먼저 손을 들기로 하였습니다. 어떻게 해서 외워 온 책인데, 꼭 제가 읽고 싶었습니다. 과연 누구의 '누' 소리가 들렸습니다. 얼마나 빠르게 손을 들었던지 선생님이 저를 보고 놀라실 정도였습니다. 저더러 읽어 보라는 것이었습니다.

책을 펴 들었지만 글자는 보나 마나였습니다. 외워 둔 것이었지 글자를 하나하나 배운 것이 아니었기 때문입니다. 한숨에 내리외웠습니다. 그러고는 선생님 표정을 살폈습니다. 정말 잘 읽어서 놀랐다는 표정이셨습니다. 이번에는 옆자리 짝을 보았습니다. 입을 벌리고 감탄하는 표정이었습니다. 사방을 둘러보았지만 모두가 미처 그럴 줄 몰랐다는 표정들이었습니다. 보통학교 1학년 3학기 첫날 첫 시간에 거듭나기 시작한 저는 그 시간부터 하루를 이렇게 보냈습니다.

뒤에 있었던 일은 잊었습니다. 생각은 나지 않지만 옛날의 저로 돌아간 적은 없었습니다. 그날 그 시간 낡은 저랑은 영원히 작별한 것이었습니다. 낡은 저는 그날 그 시간에 죽어 버렸습니다. 이름과 겉은 같지만 속은 새로운 사람이 되어 가지고 오늘에 이르는 것입니다.

선생님, 이제 저는 이 숙제를 마칠까 합니다. 어린이마다 거듭나게 하는 힘은 선생님의 '어린이관'이었습니다. 선생님의 교육 방법은 여느 선생님들처럼 어린이를 사랑하고 보살펴 주는 것에 지나지 않았습니다. 기상천외할 만큼 어렵고 까다로운 방법은 없었습니다.

'어린이를 보는 마음가짐'에 있어 선생님은 우리 모두가 숭상하는 페스탈로치를 떠올리게 하셨습니다. 페스탈로치는 그를 만난 어린이마다 지난날과는 온통 다르게 사는 새 어린이로 이끌어 교육을 사랑하는 모든 이의 숭상을 받고 있습니다. 선생님은 지금 우리 어린이들을 거듭나도록 이끌고 계셨습니다. 교육을 공부하고 있는 저한테 있어서는 선생님 학급에서 지낸 하루가 더없이 귀중한 것을 많이 배우는 기회가 되었습니다. 고마운 나머지 드리는 글입니다. 웃으며 받아 주시기 바랍니다.

앞으로는 이런 숙제만

어머니는 우리 남매가 놀고 있는 것을 보시기만 하면 으레 숙제가 무엇이냐 물으시고는 따로 떨어져서 책상머리에 앉아 숙제를 하라고 하셨습니다. 아닌 게 아니라 숙제를 하기는 해야 하겠고 마침 어머니도 그걸 바라시는 터라 어머니가 그러실 때마다 우리 남매는 두말없이 떨어져서 저마다 책을 펴 놓고는 공책에다 무작정 베껴 대는 것이었습니다. 숙제라면 으레 교과서를 베껴 오라는 것이었으니까요. 7쪽에서 13쪽까지 베껴 오는 것 따위의 숙제를 하고 있노라면 정말 팔이 아플 지경이지요.

그래도 이런 숙제는 괜찮은 편이에요. 어떤 날은 국어 교과서 15쪽에서 22쪽까지 다섯 번 베끼는 숙제도 있었거든요. 그럴 때면 참말이지 속이 상해 못 견디지요. 선생님이 괜히 우리를 골탕 먹이려는 것 같아서요. 자꾸 써 봐야 글씨가 는다지만 꼭 그런 것 같지는 않거든요. 꼭 그런 것이라면 첫 번째 썼을 때보다는 네 번째, 다섯 번째 썼을 때가 언제든지 더 잘 쓰여 있어야 할 텐데, 예전에 썼던 제 공책 좀 보세요. 보시다시피 언제든지 맨 먼저 쓴 것이 가장 잘 쓰여 있어요. 이런 식으로 숙제를 하고 있는데도 어머니는 그런 줄도 모르고는 그저 좋아만 하셨어요. 저희들 남매가 따로따로 책상머리에 조용히 앉아서 글씨를 쓰고 있었으니까요.

더러는 그렇지 않은 숙제도 있었어요. 이를테면 산수 문제를 풀어 오라는 숙제 말이에요. 이런 것은 무턱대고 베낄 수는 없지요. 생각해 가면서 풀어야 하거든요. 그러다 생각이 잘 나지 않게 되면 우리 남매는 서로 의논을 하게 되지요. 이럴 때도 어머니는 왜 공부는 안 하고 서로 이마를 맞대고 수군대고 있느냐 하시는 것이에요. 산수 문제를 생각하고 있다고 말씀드려도 제 공부는 제가 하도록 두지 않고 어째서 동생을 도와주느냐고, 도와준 저를 도리어 걱정하실 뿐만 아니라, 생각도 혼자 하는 것이지 둘이 어울려 있다고 무슨 생각이 나오겠느냐며 나무라시는 것이었어요. 그래서 우리 남매는 서로 떨어져서 저마다 제 책상에 자리 잡고 앉아야만 했지요.

이따금 숙제가 없는 날도 있었습니다. 저희들 남매가 참으로 활개 치는 날이었지요. 그렇다고 못된 일만 골라서 하려고 좋아하는 것은 아니었습니다. 숙제가 마음에 걸려서 기를 펴지 못했던 우리가 기를 펴고 지내는 날이라는 것뿐이었어요. 그런데 어머니는 이것조차 안 된다고 생각하셨나 봅니다. 만약 오늘은 숙제가 없다고 말씀을 드리면 우선 학교 선생님을 안 좋게 말씀하시거든요. 모처럼 숙제를 주시지 않은 건데도 선생님이 무슨 큰 잘못이나 저지른 것처럼 말씀하실 때는 우리 선생님한테 미안해서 어떻게 할지를 몰랐어요. 그러고는 어머니가 숙제를 주시는 거지요. 요새 어디를 배우느냐고 물으시고는 어디에서 어디까지 베끼라는 것이었어요. 물론 우리 남매를 위해서 시키는 일인 줄을 알기 때문에 시키는 대로 하기는 했습니다.

그래서 우리 남매는 그다음부터 숙제가 없는 날이 있다는 말씀을 드리지 않기로 했습니다. 숙제가 있다고 거짓말하고는 우리가 하고 싶은 공부를 한 것이었어요. 하고 싶었던 공부도 그것을 숙제로 내주면 하기 싫어한 우리였지만, 숙제가 없는데도 하고 싶던 공부를 하면 정말 기분 좋았어요. 그것이 공부하는 맛인가 보지요. 우리 남매는 공부하는 맛을 이렇게 숨어서 알았습니다. 숙제 때문에 잃었던 공부하는 맛을 숙제인 척하고 몰래 하는 공부로 조금씩 알게 된 것이었습니다.

그런데 새 학년에 새 선생님을 맞이하고부터는 이 숙제라는 것이 그야말로 딴것이 되었습니다. 저뿐만 아니라 제 동생한테도 마찬가지였습니다. 그게 무슨 소리냐고요? 우리 남매가 숙제라고 속이며 몰래 하던 공부라든가, 하고는 싶었으면서도 그것을 숙제라고 어머니를 속이려 한들 곧이들으실 것 같지가 않아서 못해 온 공부를 이제는 선생님이 숙제로 내주셨거든요.

우리 남매는 이제야 살 만한 세상을 만난 것 같군요. 숙제라는 것이 이렇게까지 우리를 즐겁게 해 줄 수 있는 것인지 미처 모르고 있었습니다. 숙제라면 우리를 괴롭히는 것인 줄로만 알았는데, 새 선생님을 맞아 새로운 숙제를 받아 보고는 정말 놀랐습니다. 처음에는 그런 것도 숙제인가 싶었습니다. 이제까지 받아 온 숙제와는 너무도 달라서 말입니다. 요즈음 받고 있다는 숙제가 도대체 어떤 것이기에 그토록 수선 떨며 이야기하냐고요? 바로 어제 저와 제 동생이 받아 온 숙제에 대해 말씀드리지요.

어제 저는 학교에서 돌아오자마자 아버지가 일하시는 곳으로 달려 갔어요. 제 동생은 어머니를 따라 시장에 갔고요. 생각만 해도 가슴이 벅찬 일을 정말 했으니 얼마나 기분이 좋았겠어요. 그게 바로 학교 숙제였거든요. 어제라고 왜 어머니가 숙제가 무엇이냐고 묻지 않았겠어요. 어제라고 책상머리에 차분히 앉아서 책을 베끼기를 바라지 않았겠어요. 그렇지만 학교에서 받아 온 숙제가 분명히 있었고 그 숙제는 책상머리에만 앉아 있다고 할 수 없는 것이었습니다. 어머니는 정말로 어쩔 수 없이, 저를 아버지한테 보내고 동생을 시장으로 데리고 가신 것이었어요.

그 숙제는 이런 것이었습니다. 저의 경우, 아버지의 일터에 가서 그곳에서 벌어지고 있는 일을 알아보고 오라는 것이었습니다. 꼭 가봐야 숙제를 할 수 있는 것이 아버지 말고 다른 분도 만나서 이것저것 여쭈어 보도록 되어 있었으니까요. 가기 싫어도 그 숙제를 하려면 별수 없이 갈 수밖에 없는데, 마침 가 보고 싶던 터에 얼마나 신이 났겠습니까?

아침 일찍 일터에 가서서 밤늦게야 돌아오시는 아버지와 함께 일터에서 하루를 지내고 나니 참으로 기분이 좋았습니다. 그것도 이럭저럭 놀다가 온 것이 아니라 아버지와 다른 어른들이 하고 계신 일이 우리 사회에 어떤 도움을 주고 있는지에 대해 여쭈니 아버지가 기쁜 얼굴로 저를 새삼 쳐다보는 것이었어요. 다른 어른들도 친절하게 가르쳐 주시고요.

제 동생은 어째서 어머니를 따라 시장에까지 갈 수 있었느냐고요? 우리 고장에서 나는 산물을 시장에 가서 알아보고 오라는 숙제를 받은 것이었습니다. 처음에는 방 안에 들어앉아서 숙제를 하라 하신 어머니지만 한참 동안 동생의 숙제 이야기를 들으시고는 함께 시장에 가자 하셨어요. 제 동생이 느끼는 기쁨은 이루 다 말할 수가 없었을 것입니다.

우리 남매는 숙제를 하러 나갔다가 집으로 돌아온 뒤에도 전이랑은 달리 신 나게 지냈습니다. 아버지가 일찍 돌아오셨거든요. 제 숙제를 도와주기 위해서였지요. 제 부탁을 들어주신 것이지요. 제 동생은 저녁을 먹고 난 뒤에도 어머니와 웬 이야기가 그리 많던지요. 어머니도 제 동생의 물음에 대답하셔야 하겠기에 그 곁을 떠나지 않으신 거지요. 이러니 우리 남매의 바람이 이루어지지 않았다고 할 수가 있겠습니까?

저는 이게 진짜 숙제라고 생각합니다. 첫째로 참 실력을 기를 수 있으니 좋고요, 둘째로 식구들 사이가 화목해지니 좋고요, 셋째로 마음씨도 착해지는 것 같아 좋고요. 앞으로는 이런 숙제만 주셨으면 좋겠어요.

지금 우리한테 교육을 받고 있는 학생들이 국민학교 저학년이라면 약 20년 뒤부터, 고등학교에 다니고 있다 치면 약 10년 뒤부터 부모의 보호나 교사의 지도를 떠나 자기 책임 아래, 수십 년을 살아가게 될 것이다. 지금 우리가 학생들을 가르치고 있는 것은 바로 아이들이 스스로 책임을 지고 수십 년을 올바로 살아가게 하기 위한 것이다. 다시 말해서 교사는 학생들과 헤어진 뒤를 위해 지금 아이들을 만나고 있는 것이다. 이왕이면 교사인 내가 아이들을 학생으로 데리고 있는 동안에 실수를 하면 했지 졸업 뒤에는 실수가 있어서는 안 되겠다는 것이 우리 교사들 바람이기도 한 것이다.

우리가 학생들한테 기를 쓰고 공부하라고 하는 것도 사실 따지고 보면 학생 시절만 공부하고 졸업 뒤에는 알 바 아니라서가 아니라, 도리어 졸업 뒤에야말로 꾸준히 공부해서 나이 서른 때보다는 마흔이 되어서 더 훌륭한 사람이 되고, 그러고도 더 공부해서 쉰 살이 되고 예순이 되었을 때에는 이 세상에 꼭 있어야 할 존재가 되고, 마지막 남은 생애 또한 공부 속에서 그 인생이 빛을 내기 위해서인 것이다. 그래서 우리가 학생들한테 공부하라 재촉도 하고, 숙제를 해 오라는 것이련만 그 결과는 어떠하단 말인가!

학생 시절을 두고는 대학생들보다는 초중등학교 학생들이, 졸업 뒤보다는 대학생 시절이 더 공부하는 결과를 자아내고 있다. 실로 우리 나라 교육의 비극이라 할 만하다. 공부하라고 한 해를 더 가르쳤는데도 조금이라도 더 공부하는 사람이 되기는커녕 학년을 거듭할수록 공부를 더 멀리하게 된다. 그러다 졸업 뒤에는 아주 그만두어 버리니 세상에 이보다 더 큰 비극이 있을까!

우리 나라 교육의 결과만 그런 것이 아니라 다른 어느 나라 교육도 비슷한 결과를 자아내고 있는 것이 아니냐는 이가 있겠지만 결코 그렇지가 않다. 취직 시험이나 자격시험에 합격하려고 이를 악물고 하는 따위의 공부를 빼고는 우리 나라 학교의 졸업생들처럼 공부를 안 하기로 결심까지 하는 사람들은 세상에 없는 것이다. 다른 어느 나라 학생들도 한국의 학생들보다는 고학년에 올라갈수록 공부를 더 하고, 그 학생들 가운데는 졸업 뒤에 하라는 이가 없어도 공부하는 사람들이 많다.

우리 나라 교육의 비극이라고까지 말할 수 있는 이러한 결과는 어찌하여 생겨난 것일까? 여러 가지 까닭이 있겠으나 그 가운데 하나는, 학생한테 의미가 없거나 있어도 아주 적은 그런 숙제를 많이 하게 하는 것을 공부라고 하는 것에 있다. 그래서 학생들이 공부를 재미가 없는 것, 안 하면 엄마도 선생도 꾸짖으시는 까닭에 어쩔 수 없이 해 바쳐야 하는 것으로 여기게 된 것이다.

그렇게라도 숙제를 내주어 공부를 시켰으니 그나마 하지, 그것마저 내주지 않았다면 학생 시절마저 공부를 그만두었을 것이 아니냐는 이가 있을 것이다. 그렇지만 학생들 삶에 의미가 많은 숙제를 알맞은 양으로 내주는 길은 없을까? 그 숙제를 하는 동안 공부라는 것이 자기의 삶을 뜻있게 해 주고 재미있는 것이라는 것을 깨닫게 해 주고, 따라서 그런 것이 공부라고 한다면 더 해야 되겠다는 마음을 굳힐 수 있게 하는 길 말이다.

하나의 그림

아버지, 오늘은 참 죄송했어요. 제 딴에는 큰 자랑이었기에 꼭 와서 보아 주시라 한 노릇이 도리어 아버지 기분을 상하게 해드렸나 봐요. 저는 정말로 기뻐해 주시려니 믿었는데 도리어 화를 내셔서 어쩔줄 몰랐습니다. 선생님과 동무들에 둘러싸여 화내시는 아버지를 마주하고 있자니 그만 말문이 막혀 버린 거죠. 저는 지금에서야 연필을들어 오늘 일을 처음부터 끝까지 말씀드립니다.

아버지, 제가 아버지께 학교에 와 달라고 한 것은 이번이 처음이었어요. 물론 교장 선생님이 오라고 하셔서 학교에 오신 일은 열 번도넘을 거예요. 입학식이나 졸업식 같은 여러 큰 행사 때에도 으레 내빈석에 앉으셨으니까요.

그러나 제가 아버지께 교실로 와 달라고 한 것은 이번이 처음입니다. 제 딴에는 정말 큰마음을 먹고 한 것입니다. 교장 선생님이 청하신 것도 아닌데 유명한 아버지가 오시게 되면 우리 선생님은 물론 교장 선생님까지 웬일인가 하실 테고 그래서 혹시나 학교 잘못이 드러나서 아버지 눈에 거슬리지나 않을까 걱정하실 테니까요.

하지만 저는 아버지가 오셔서 우리가 함께 완성한 그 큰 그림을 보면 틀림없이 칭찬을 해 주실 거라 믿었어요. 또 그러면 제 동무들과 선생님, 교장 선생님 모두 좋아할 거라 생각하고 용기를 냈던 거예요.

아버지는 오늘 우리가 완성한 그림 앞에서 몇 번이나 "너는 무엇을 그렸느냐?" 하고 물으셨어요. 그때마다 동무들과 함께 만들어 낸 거라고 대답해드렸는데도 네가 그린 것이 바다냐 배냐 하며 캐물으셨어요.

그런 끝에 그 그림 속에 무엇 하나 제 손으로 그린 것이 없다는 것을 알고는 그만 잡고 있던 제 손을 뿌리치셨어요. "넌 무엇을 했단 말이냐." 하며 핀잔까지 놓으셨습니다. 그때 전 정말 눈을 감아야 할지 떠야 할지를 몰랐습니다. 그때 제 얼굴은 아마도 백지장같이 희었을 거예요. 한참 뒤에야 겨우 동무들에게 물감을 타 주고 물을 떠다가 갈아 주었다고 말씀드렸습니다. 아버지는 크게 소리를 치셨습니다.

"뭐, 물감이 어떻고 물이 어째!"

아버지는 교실 문을 나서시더군요. 선생님들이 당황하면서 그 뒤를 따르시고요.

아버지, 제 이야기 좀 들어 보셔요. 그림은 이렇게 해서 완성한 거예요.

그림 그리는 시간이니까 으레 물감, 물, 붓 따위를 준비하고 선생님을 기다렸지요. 그런데 그날따라 선생님은 아주 커다란 종이 뭉치를 들고 오더니 모둠마다 한 장씩 돌리는 것이었어요. 그래서 저는 얼른 필통 속의 칼을 꺼내어 늘 사용해 온 도화지 크기만큼 자르려 했었지요. 아마 다른 모둠에서도 그랬는지, 선생님께서 이렇게 말씀하셨습니다.

"모둠마다 큰 종이를 한 장씩 준 것은 내가 작게 자를 겨를이 없어서가 아니에요. 오늘은 그 커다란 종이 위에 모둠원들이 힘을 합쳐서 하나의 그림을 만들어 내기로 합니다."

저는 얼떨떨해서 앉아만 있었습니다. 그런데 다른 동무들은 저마다 연필로 그 큰 종이 위에 자기가 그릴 데를 표시하려 드는 것이었어요. 그때 선생님은 이렇게 말씀하셨습니다.

"그렇게 뿔뿔이 흩어져서 따로따로 그리면 종이 한 장에 그린 여러 개의 그림이지, 하나의 그림이라 할 수 없어요. 먼저 어떤 그림을 그릴지 모둠원끼리 함께 의논을 해야지……."

선생님의 말씀을 듣고 난 뒤에도 말썽은 그치지 않았습니다. 기철이는 비행기를 그리자 하고 형만이는 바다를 그리자 하며 옥신각신했어요. 그걸 듣고 있던 종환이는 자동차를 그리자고 했고요. 모두 남의 말에는 귀를 기울이려 하지도 않고 그저 저마다 잘 그리는 것만을 내세워 남들도 따르라는 것이었어요.

아버지, 언젠가 지난날 우리 나라 정치인들을 흉보신 일이 생각납니다. 자기 욕심만 부려서 남을 짓누르려고 한다고요. 그런데 우리 동무들이 그들을 닮았던 거죠. 서로 의논한 게 아니라 미워하며 다툰

거였으니까요.

저는 다음과 같은 의견을 내놓았습니다.

"애들아, 그러지 말고 내 얘기 좀 들어 봐. 아마 이렇게 하면 너희들 모두 잘 그리는 것을 그리면서도 선생님이 말씀하신 대로 하나의 그림을 잘 만들 수 있을 것 같아."

모두들 조용히 제가 하는 말을 들었습니다.

"부산이라면 누구나 알고 있는 영도가 있잖아. 우리, 육지에서 바라본 영도를 그리자. 그러면 형만이가 좋아하는 바다도, 기철이가 그리자고 한 비행기도, 그리고 동수의 산도 모두 그릴 수가 있어. 참 종환이는 자동차를 그리자고 했지? 영도 다리 위를 신 나게 달리는 자동차를 몇 대라도 그릴 수 있을 거야. 자, 어때?"

이래서 아버지가 보신 그림을 그리게 된 것이었습니다. 아버지, 저는 얼마나 기뻤는지 몰라요. 우리 모둠 동무들이 자기 주장만 내세우느라 다투던 걸 멈추고, 하나의 그림을 그리려고 저마다 재주를 펼치는 걸 보니 가슴이 벅찼습니다. 동무들이 신 나서 바쁘게 그리고 있는 것이 왜 그리도 좋았던지요.

그런데 얼마 안 가서 또 문제가 생겼어요. 큰 그림 하나를 여럿이 나누어 그리는 바람에 자기가 가진 물감만으로는 모자라게 되었지요. 이를테면 바다를 그리는 형만이도 산을 그리는 동수도 그랬어요. 그리고 붓을 빠는 물도 터무니없이 모자랐어요.

저는 얼른 제 물감을 풀어 주었고 물도 떠다 갈아 주었습니다. 동무들은 어찌나 열심인지 고맙다는 말조차 할 겨를도 없이 씽긋 웃고는 다시 그리더군요. 저는 정말 기뻤습니다. 물감과 물이 모자라서 하마터면 못 그릴 뻔했는데 제 것을 보태서 중단하지 않아도 되었으니 말입니다. 이렇게 해서 저는 이 그림 만들기에 단단히 한몫한 셈이지요. 물론 무엇 하나 제가 붓을 들고 칠한 것은 없지만, 그렇다고 저 없이도 그림이 되었을 거라고는 생각하지 않습니다.

저는 이 밖에도 큰일을 찾아냈어요. 바다를 칠하고 있는 형만이랑 하늘을 그리고 있는 기철이를 보고 크게 놀랐습니다. 바다를 보면 바람이 사납게 불어치고 있는데 하늘을 보면 바람 하나 없는 날이었거든요. 하나의 그림인데도 아래쪽 바람에는 기둥 같은 파도가 일고 있는데 위쪽 하늘에는 솜덩어리 같은 흰 구름이 두둥실 떠 있는 것이었어요. 저는 큰일 났다 싶어 이렇게 말했습니다.

"형만아 기철아, 네 것을 보고 저걸 봐. 하나의 그림이니까, 어떻게라도 고쳐야 할 텐데."

그것이 바로 제 걱정이었거든요. 그런데 기철이가 성큼 나서서 이렇게 말했어요.

"얘 걱정 마, 내가 고칠 테니. 난 내가 그리는 것만 생각하고 그림 전체는 깜박 잊었구나. 그대로 그냥 내처 그렸더라면 정말 큰일 날 뻔했구나. 형만아, 네가 그린 바다가 참 멋있게 됐어. 그 파도 그대로 둬. 난 쉽게 고칠 수 있어."

기철이는 둥글게 떠 있는 흰 구름을 사납게 부는 바람에 쫓기어 가는 구름으로 고쳐서 바다에 일고 있는 파도와 맞추어 그렸습니다. 그랬더니 형만이가 미안하다는 듯이, 그러나 기쁜 얼굴로 기철이 손을 바라봤어요.

아버지, 그림 속에 제가 줄을 긋고 색칠을 한 것이라고는 정말로 하나도 없어요. 고작 했다는 것이 제 물감을 타서는 대어 준 일, 물을 떠다가 갈아 준 일, 그뿐이에요. 앞장서서 붓을 들고 그리지는 않았습니다.

그러나 저는 이 그림을 만드는 데 단단히 한몫했어요. 처음부터 끝까지 함께 생각하고 일했거든요. 그런 뜻에서 뒤를 보살펴 준 저랑 앞에서 그림을 그린 동무들 모두가 힘을 모아 이 그림을 완성했던 것입니다. 그러니 그 뒤에 제 기쁨도 이루 말할 수 없이 컸던 거지요.

아버지, 저는 지금도 모르겠어요. 어째서 못마땅하게 여기셨는지 말씀해 주십시오. 언젠가 아버지께서는 어린 저한테 이다음에 크거든 훌륭한 지도자가 되라 하셨지요. 저는 그 말씀을 잊지 않고 있습니다. 용기를 내어 아버지를 제 교실에 오시게 했을 때 제 딴에는 훌륭한 지도자가 되어 가고 있다는 걸 보여 드리려 했습니다. 이 그림을 완성하면서 저는 훌륭한 지도자가 되는 연습을 했다고 생각했던 거지요.

여럿이 모여 하나의 목적을 이루려고 할 때 저마다 제 생각만 고집해서 사람 수만큼 생각과 행동이 갈라지게 된다면, 하나하나의 뜻을 이루면서도 공동의 일을 해낼 수 있는 길을 터 주는 것이 지도자가 할 일이라고 배웠습니다. 저는 바로 그 일을 해냈습니다.

그리고 또 함께 모여 일을 하면서도 제 일에만 바빴지, 그것이 공동의 일과 어떻게 관련돼 있는지 모르고 있을 때, 그것을 깨닫도록 도와

주는 것이 지도자가 할 일이라고 배웠습니다. 저는 그 일도 했어요.

아버지께서 하신 말씀을 저는 아직도 잊지 않고 있습니다. 우리 나라가 잘되려면 국민 하나하나가 자기가 하는 일이 나라의 앞날에 어떤 영향을 끼칠지 생각하며 자기가 하는 일을 고쳐 나가야 한다고요. 저는 제 동무들과 함께 바로 그 일을 하고 있던 것입니다.

아버지, 끝으로 한 가지 더 말씀 드릴게요. 동무들에게 제 물감을 풀어 주고 물을 떠다 준 일이 왜 그렇게도 아버지 마음을 상하게 했는지 모르겠어요. 제 딴에는 이것도 훌륭한 지도자가 되는 과정이라고 믿었기 때문입니다.

그렇습니다. 저는 한 가지 목적을 가지고 함께 일하고 있는 제 동무들의 뒤치다꺼리를 해 주었습니다. 저는 그것이 자랑이어서 아버지를 오시라 한 것이었습니다. 앞으로 훌륭한 지도자가 되려면 지금부터 '남 섬기기'를 해야 한다고 배웠습니다. 저는 그것을 실천한 것이었어요. 아버지, 저에게 용기를 주십시오. 정말로 훌륭한 지도자가 되어 보렵니다.

지도자가 보여 주는 '남을 이끄는 능력'이 타고난 것으로 여기는 것은 잘못이라 생각한다. 할아버지, 아버지, 아들이 비슷한 성질의 지도력을 보여 주었다고 해서 그것만으로 지도력을 타고났다고 단정할 수는 없는 것이다. 할아버지가 이 세상에 태어난 다음에 둘레 어른들로부터 배워 지닌 것인지도 모를 일이고 이는 아버지나 아들도 마찬가지일 수 있다.

말을 잘하고 못하는 차이가 모든 사람에게 있는데 귀로 소리를 듣지 못하면 말을 배우는 데 큰 어려움이 있듯이, 지도력도 사람 따라 차이가 있지만 머리로 생각할 힘이 없으면 지도력을 배우기 어려운 것이 당연하다.

한국 사람이라고 한국말만 할 수 있게 타고나고 영국 사람이라고 해서 영어만 배울 수 있도록 태어나는 것은 아니다. 한국인이나 영국인이나 말을 배울 수 있는 능력은 타고나지만 무슨 말을 하게 되느냐는 태어난 뒤에 무슨 말을 배우느냐에 달려 있는 것이다. 이를테면 한국인 아기가 영국에서 영어를 배우고 영국인 아기가 한국에서 한국말을 배우면, 영어를 잘하고 한국말을 못하는 한국인 어른과 한국말을 잘하고 영어를 못하는 영국인 어른이 되는 것이다.

마찬가지로 사람이라면 누구나 지도력을 배울 수 있는 능력은 타고나지만 어떤 성질의 지도력을 지니게 되느냐는 태어난 뒤에 배우는 지도력에 달려 있다. 어떤 지도력을 지닌 사람이 되느냐 하는 것은 그 사람이 어려서 집과 동네 또는 학교와 사회에서 어떤 지도력을 배우고 어떻게 반응하면서 살아왔느냐에 따르는 것이다.

그렇다면 학교에서도 지도력이라고 하는 것을 일부러 가르쳐야 할 것이 아니겠는가. 국어나 수학처럼 교과서를 따로 두고 시간을 정해서 가르치자는 이야기는 아니다. 국어 시간에도 수학 시간에도, 아니 다른 무슨 시간에도, 교사는 어린이가 좋은 지도력을 배우게끔 힘써야 한다. 교사가 어떤 지도력으로 학생을 대하느냐에 따라, 그 과목이 무엇이든 그 교사에게 지도력도 배우게 되는 것이다. 물론 여러 해 동안 교사의 특정 지도력 아래에서 학생 노릇을 했으면서도 그 학생 스스로 다른 성질의 지도력을 배워 지닐 수는 있다.

그러나 그것은 어디까지나 예외에 속하는 일이고 대체로는 시집살이 심하게 겪은 며느리가 시어머니 되면 며느리에게 시집살이시킨다는 말처럼 어린이는 선생의 지도력을 본받게 된다.

이 글 '하나의 그림'은 어린이들이 미술 시간에 미술만이 아니라 좋은 지도력을 배우고 있는 모습을 보여 주고 있다. 우리 어린이들 모두가 모든 때와 곳에서 이러한 지도력을 생활 안에서 편다면 그 아이들이 어른이 되어 만드는 나라와 사회는 그야말로 모두가 사람답게 살 수 있을 것이다.

제 얼굴이 더 넓어요

저는 제 얼굴이 더 넓다고 선생님께 말씀을 드렸습니다. 그렇지만 제 마음은 지금도 그 손바닥이 더 넓다고 생각합니다. 그렇게 생각하면서 왜 오늘 선생님 앞에서 얼굴이 더 넓다고 했냐고요? 그럼 어떻게 해요?

"네 손바닥 좀 봐라! 네 손바닥 좀 보잔 말이야!"

이렇게 큰소리로 말씀하시면서 제 손바닥을 내놓으라 하시기에 그대로 했더니 이번에는,

"네 손바닥을 얼굴에 대봐라! 네 얼굴에다 대보란 말이야!"

글쎄 이렇게 말씀하시면서 막 화를 내시지 않겠어요? 그래서 할 수 없이 제 얼굴에 제 손바닥을 갖다 댔지요. 그랬더니 이번에는 이렇게 말씀하셨어요.

"그래, 어떠냐! 네 손바닥이 더 넓으냐? 아니지, 네 얼굴이 더 넓지? 응? 왜 말이 없는 거야. 어느 쪽이 더 넓으냐 말이야. 응?"

그러니 어떻게 해요? 이렇게까지 저를 몰아대시는데요.

"제 얼굴이 더 넓어요."

저는 하는 수 없이 이렇게 말했습니다.

"그렇지, 지위! 손바닥을 지우고 얼굴보다 작게 그리란 말이다. 아니, 이 손바닥 색깔은 또 뭐냐? 새빨간 손바닥도 있던? 네 손바닥을 눈으로 보란 말이야! 이게 도대체 4학년 그림이냐?"

이 바람에 동무들은 모두 웃어 젖혔지만 제 가슴은 막혀 버렸어요.

"지워라! 손바닥을 지우고 얼굴보다 작게 그려! 그리고 색깔도 바꾸고, 알았지!"

선생님은 이렇게 말씀하시고 자리를 떠나셨어요. 시킨 대로 하지 않으면 언제 또 벼락이 내릴지 모르는 일이어서 저는 손바닥을 지우기 시작했어요. 새빨간 크레파스로 진하게 공들여 칠해 놓은 손바닥을 지우자니, 글쎄, 그게 잘 지워지겠어요? 생각다 못해 칼을 빌려서 빨간색을 긁어냈어요. 얼마 동안을 긁어내고는 다시 지우개로 지우기 시작했어요. 그런데, 이걸 어쩌면 좋아요. 이번에는 종이가 쭉 찢어지는 것이었어요. 온몸이 오싹해지는 느낌이었습니다. 그다음에 한 짓을 기억하지 못할 정도였어요.

"이놈아, 다시 주워. 네 마음씨가 고약하단 말이야! 어서 줍지 못해? 선생님이 시키는 대로 지우고 고치란 말이야!"

교실 안 공기가 찢어지는 듯한 소리를 듣고서야 저는 제가 한 짓을 알았습니다. 저도 모르게 그림을 꼬깃꼬깃 구겨서 교실 바닥에 내동댕이쳤나 봐요. 그것을 교실 저쪽에서 선생님이 보셨던 거지요. 겨우 정신을 차렸지만 머리는 어지러웠습니다. 저는 얼떨떨한 채로 꾸겨질 대로 꾸겨진 제 그림을 주워 올려놓았습니다. 그러고는 제 손바닥으로 폈어요. 찢어진 채로 펴고는 또 지우는 것이지요. 지우고 나서 손바닥 크기를 줄였어요. 생각도 바꾸고요. 저를 통째로 선생님께 내맡긴 것이지요. 맥이 풀려 버렸습니다. 바늘 끝만큼 버티던 마음도 이젠 없어졌어요.

종소리가 들려오고 미술 시간은 끝났어요. 남 하는 대로 저도 선생님 앞에 갖다 드렸습니다. 선생님이 원하시는 대로 그림을 고쳐서 말입니다. 손바닥을 얼굴보다 작게 고쳐서 말이에요. 새빨간 색을 살색으로 고쳐서 말이에요. 선생님 마음에 들라고요. 말하자면 선생님 그림을 제가 그려드린 거예요. 우리 선생님뿐인가요? 다른 모든 선생님들도 그래야 좋아하시는 것 아닌가요? 우리가 선생님을 닮아 갈 때 가장 좋아하시는 분들이 바로 학교 선생님들이거든요.

이번에는 제 이야기를 좀 들어 보세요. 오늘만 하더라도 제가 손바닥을 얼굴보다 크게 그린 데에는 까닭이 있었어요. 절실한 까닭이 있었기에 그랬던 것이지, 손바닥이 얼굴보다 작다는 것쯤을 모르고 한 짓은 아니었어요.

사실대로 말씀드린다면 손바닥을 얼굴보다 도리어 몇 갑절이나 더 크게 그리고 싶었어요. 할 수 있다면 하늘땅만큼이나 크게 그리고 싶었던 손바닥이었습니다. 그러나 도화지가 워낙 작은데다가 몸이니 머리니 다리도 그리기는 해야 했기에 손바닥이 도리어 그만큼이나 작아졌던 거지요. 그런데 그림 속 손바닥이 얼굴보다 크다고 오늘 같은 일을 당한 것이었습니다.

　그림 속 손바닥에 칠한 새빨간 색도 까닭이 있어요. 선생님은 제 손바닥 색깔을 보고 그대로 칠하라고 하셨지만, 보지 않더라도 제 손바닥이 새빨갛지 않다는 것쯤은 저도 알고 있었어요. 그러고도 왜 새빨갛게 칠했냐고요? 제가 오늘 그린 사람 손바닥은 여느 사람 손바닥이 아니었던 거예요. 그게 무슨 소리냐고요?

　그러니까 한 달 전 일입니다. 학교에서 내라는 돈을 가져가지 못한 날이었어요. 아버지께 며칠을 두고 졸라 댄 일이었어요. 물론 돈이 없어서 그러셨겠죠. 하지만 주셔야 가지고 나갈 게 아닙니까? 울어도 보고 학교에 가지 않겠다고도 해 보았지만 안 주시기에 돈 없이 학교에 갔어요. 그런데 그날이 학교에서 돈을 받는 마지막 날이었던가 봐요. 그때 저는 문득 이런 생각을 했습니다. 차라리 따끔하게 때리시더라도 집에만 되돌려 보내지 않는다면 좋아서 춤이라도 추겠노라고. 물론 선생님께서도 어쩔 수 없는 사정이 있으셔서 한 일이겠지만요.

　교문을 나왔으니 갈 곳은 시장이었습니다. 그곳에서 아버지가 장사를 하시니까요. 달려가서 공부하지 못하고 돌아온 까닭을 말씀드렸습니다. 아버지는 그야말로 허둥지둥하셨어요. 여기저기를 뒤져서 돈을 합쳐 보시고는 그래도 모자라니까 옆에서 장사하는 분한테 꾸어 보태시는 것이었어요. 어린 생각에도 그때 우리 아버지의 모습은 참으로 애처롭게 여겨지더군요.

　이렇게 해서 만들어진 돈이었습니다. 그 돈을 손에 쥔 저는 체육대회 때 100미터 달리듯 학교로 뛰어갔습니다. 이제는 교문을 들어서고도 공부를 다 마칠 때까지는 있을 수 있을 테니까요.

학교 가까이 왔을 때였습니다. 어떤 청년이 제 앞을 가로막는 거예요. 저는 먼저 돈 쥔 손부터 주머니에 움켜 넣었어요. 가슴은 뛰고 숨은 가쁜데, 이 청년 좀 보세요. 저는 어찌할 바를 몰랐습니다. 느닷없이 나타난 그 청년이 제 손을 휘어잡아 비틀었고, 저는 으악 소리와 함께 몸부림을 쳤지요. 아, 그때 그 청년 모습이 지금도 눈에 선해요. 그 청년의 손바닥을 본 것이었습니다. 그 손바닥이 활짝 펼쳐진 채 높이 쳐들어진 순간 제 뺨엔 불이 붙었지요.

달아난 뒤에야 알았지만 돈을 빼앗겼습니다. 아니 돈이라기보다는 목숨을 앗아 간 느낌이었습니다. 학생인 제가 학교에 갔다가 바로 그 돈이 없어서 공부를 하지 못하고 교문을 나왔던 거예요. 그 돈을 가져야 교문을 떳떳이 들어서고 그래야 공부를 할 수 있었던 날이었습니다.

그러고 보니 그 청년은 저한테서 돈을 빼앗아 갔다기보다는 학생에 있어서는 목숨과도 같은 제 공부를 앗아 간 것이 아니겠습니까? 물론, 그날 저는 선생님께 사실대로 말씀드렸고 선생님께서는 울고 있는 저를 달래기까지 하면서 공부하라고 하셨지요.

제가 오늘 그린 사람은 바로 그 청년이었습니다. 얼굴보다 크게 그린 손바닥도 바로 그 손바닥이었어요. 자유로이 글을 지으라는 시간이었다면 그 청년에 관한 글을 지었을 거예요. 그런데 그 시간은 자유롭게 그림을 그리라고 하셨기에 그 청년의 모습을 그리고 색칠했던 것이지요.

저는 여러 번 망설이다가 청년의 손바닥을 얼굴보다 크게 그리기로 마음먹었습니다. 분명 그 청년 손바닥은 컸어요. 하늘을 가릴 정도로 컸으니까요. 그리고 분명 새빨갰어요. 제 크레파스 가운데 더 진한 빨간색이 있었다면 그 색으로 칠했을 거예요. 오죽했으면 새빨간 색을 칠해 놓고도 마음이 가라앉지를 않아 검은색을 조금 섞었을라고요. 제가 그리고 칠한 그 손바닥은 어느 누구의 손바닥이 아니었습니다. 그것도 말로나 글로 나타낼 수 없는, 모양과 빛깔로만 나타내야 할 미술 시간이었기에 다른 도리가 없었던 거지요.

'제 얼굴이 더 넓어요'라는 말을 기어이 듣고 싶어 하신 선생님, 전 참으로 억울합니다. 지금도 저한테는 청년의 손바닥이 그이의 얼굴보다 넓은 걸 어떡합니까? 그리고 그 색깔도 새빨간 걸 어떻게 하면 좋겠습니까? 네, 선생님?

어린이는 인류의 역사가 시작된 아득한 옛날부터 있어 왔지만, 20세기를 '어린이 발견의 세기'라 부르는 이가 있다. 많은 어른들이 어린이한테 어른 세계와는 아주 다른 세계가 있다는 것을 20세기에 들어서야 알게 되었다는 뜻이다. 어린이들의 산과 들, 집 따위가 따로 있다는 것이 아니다. 다시 말하면 어린이나 어른이나 똑같은 환경에 둘러싸여 있지만 그 환경으로부터 느끼고 생각하는 심리 세계에 있어서는 어른과 어린이가 많이 다르다.

학교가 그 어린이한테 가져오라는 돈이 얼마였는지는 알 수 없으나 국민학교의 경우라고 보면 고작 천 원을 넘지 않을 것이다. 하지만 그 나이의 어린이 세계에 있어서는 60세 실업가의 천만 원이 넘는 값어치일 수도 있는 것이다. 아니, 돈으로 따지지 못하는 무한한 값을 지닐 수도 있다. 그 돈을 뺏고 어린이의 뺨을 후려친 손, 그 손바닥은 그 어린이한테만큼은 얼굴보다 컸던 것이고 새빨갛게 보였던 것이다. 그래, 어른으로서는 도저히 이해가 가지 않는 표현을 한 것이다.

부모나 교사한테 어린이가 어떤 사람이 되기를 바라는가를 물으면, 으레 '창의성 있는 사람'이라고 한다. 뿐만 아니라, 적어도 자기보다는 나은 사람이 되어 주기를 바라는 점에서 부모와 교사의 바람은 완전히 일치한다. 그런데도 부모나 교사가 어린이와 관계를 맺고 지도를 하는 현장을 보면, 자기도 모르는 사이에 어른인 자기를 기준 삼아 어린이를 일치시키려고 애쓰는 경우가 많다. 그리하여 처음 소원인 '창의성 있는 사람'이라든가 '적어도 자기보다 나은 사람'이 될 수 있는 기회를 사실 막아 버리는 것이다.

어린이한테는 어른들과는 달리 생각하고 달리 느끼고, 그것 그대로를 표현할 자유가 보장되어야만 창의성 있는 사람으로 자라서, 최소한 어른들보다는 나은 사람이 될 수 있다. 어른들 기준을 어린이한테 일방적으로 강요할 것이 아니라, 그리고 어린이의 표현 결과만을 놓고 따질 것이 아니라 어린이 세계를 인정하고 표현 과정을 중요하게 여겨야 한다. 창의성은 바로 그 과정 속에서 길러지는 것이다.

진짜 학교

저는 지난 주말 시골 외삼촌 댁에 다녀왔어요. 기차를 타고 내린 다음 버스를 타고 다시 내려서 3킬로미터를 걸었어요. 저는 그래도 신이 나서 달려가다시피 했어요. 외삼촌이 저를 무척 귀여워하시거든요. 그뿐 아니라 내가 좋아하는 용달이도 기다리고 있어요, 제 외사촌 형이지요. 말이 형이지 나이는 같아요. 보름 먼저 낳았다고 형이라지만 형 같지가 않아서 이럴 때만 형이라고 부르는 거예요. 우리가 사이좋기는 이루 다 말할 수가 없고요, 아무리 형제라도 그렇게까지 친할 수가 없지요. 그래요, 이번 주말에도 용달이하고 놀다 온 거예요.

그런데 저는 이번에 정말 놀랐어요. 한마디로 말하자면 용달이네 학교가 무척 좋아서 놀랐어요. 그 덕에 용달이는 저와 같은 학년인데도 진짜로 아는 것이 훨씬 많고 재주도 저 같은 건 어림도 없었어요. 그뿐 아니었어요. 새로운 것을 생각해 내는 힘도 따를 수가 없었고,

마음씨 착하기로도 따를 데가 없어 머리가 숙여졌지요.

서울에 있는 학교에서 줄곧 일등만을 해 온 저입니다. 그런데도 시골 산골짜기 학교에 다니고 있는 용달이를 만나 함께 지내고는 무척 놀랐습니다. 전 어찌된 일인가 싶어 자세히 물어봤어요. 그 끝에 그야말로 중요한 사실을 알게 되었습니다. 다름이 아니라 제가 다니고 있는 서울 학교는 가짜이고, 용달이가 다니고 있는 산골짜기 학교가 진짜 학교라는 것을 말이에요. 그런데 다시 한 번 놀란 일이 있어요. 용달이네 학교 동무들이 무려 여섯 동네 사는 어른들 생각을 고쳤던 것입니다.

처음에는 저도 곧이 안 들렸어요. 그런데 그게 사실이었습니다. 저는 너무너무 놀랐습니다. 다음은 저와 용달이가 대화한 내용이에요.

"그래 '집에 있는 달걀이라도 가져올까요?' 하니까 뭐라고 하셔?"

"막 야단을 치려고 했나 본데 그저 어처구니없다는 표정이셨지 뭐."

"그래서 돈 대신 달걀을 학교에 가져갔어?"

"아니, 그다음 날 글쎄 선생님이 그러시더라. 다른 반에도 그런 아이가 있었다고 말이야. 그래서 우리 학교 선생님들이 다 모여서 의논을 했대. 4학년 이상 학생한테는 집짐승 기르기를 가르쳐 주기로 말이야. 그럴 테니 우리 학비는 글쎄 우리가 벌어서 대어 보라는 거야."

"뭐? 집짐승 기르기? 우리가 교과서에서 배운 닭, 토끼, 오리 같은 거 말이지?"

"응. 그런데 말과 그림으로 얼버무려 가르치는 것이 아니라 실제로 길러 보게 하겠다는 거야."

"그래서 그때부터 학교에 집짐승이 생겼니?"

"응. 지금 집짐승들이 모두 그런 다음에 생긴 건데 이때부터 우리는 학교에 가서 하는 일이 아주 달라진 거야."

"아니, 그럼 학교에서 공부는 안 하고 집짐승 기르기만 했단 말이야?"

"얘는, 넌 공부가 뭔데? 그게 진짜 공부야. 진짜 집짐승 공부를 했단 말이야."

"교과서 공부는 안 하고?"

"왜 안 해. 이를테면 국어 교과서도 빠뜨리지 않고 모두 배우는데 그것만 배우고 국어 시간을 마치는 게 아니고 글짓기나 말하기로 집짐승에 연결 지어 공부하는 거지. 우리가 실제로 기르고 있는 집짐승에 대해 쓴 동무 일기 같은 것을 다 같이 고쳐 가면서 읽어 본단 말이야. 그러면서 토론도 하고 말이야. 아 참, 우리 교과서에서 사전 찾기 배웠지? 그런데 우리는 집짐승 사전을 놓고 실제로 찾아보고 있어."

"그럼 산수 공부도 그런 식으로 했니?"

"그럼. 교과서에 나오는 길이, 넓이, 무게, 들이를 모두 배우는데 그것도 집짐승을 기르는 것과 연관되어 있어. 분수, 소수 공부도 마찬가지이고, 자리 잡기도 다 이런 식이야. 아 참, 그래프 공부도 있지! 우리가 기르고 있는 집짐승으로 그래프를 만드니까 얼마나 재미있는지 몰라."

"사회 공부는? 우리 나라 명승고적 같은 건 그런 식으로는 못 배울 거 아니야!"

"그럼, 그런 식으로는 못 배우는 것도 많지. 그렇지만 모듬살이, 농업의 발달, 우리 지방의 발달 같은 것은 실제 우리 동네를 가지고 공부를 한 거야. 우리가 꼬마이기는 하지만 이 공부를 하면서 우리 동네에 대한 생각도 고쳐 가게 되니까 신 나게 공부하는 거지 뭐."

"자연 공부는 그야말로 바로 하겠구나? '닭의 한살이' 같은 건 정말 재미있었겠다. 우린 교과서만 떼고 마니까 실제로는 알게 뭐야. 그래도 그것을 공부 잘했다며 시험 점수는 만점을 주니, 그게 가짜가 아니고 뭐야, 그렇지?"

"아주 가짜는 아니겠지만 그런 공부는 재미없지 뭐. 참, 우리 '물의 작용'을 배웠지? 그때 우리는 동네 앞 개울가에 나가서 공부했어. 그런데 글쎄 공부하다 말고 야단이 났지 뭐야."

"왜? 누가 물에 빠지기라도 했니?"

"아니야, 그런 야단이 아니라 우리 꼬마들이 어른들 잘못을 찾아냈어. 물의 작용을 배우면서 어른들이 고치고 있는 둑을 보니 그렇게 고치면 안 되겠다는 것을 알아냈단 말이야."

"그래서 어떻게 됐어? 그 어른들이 너희들 말을 곧이듣던?"

"곧이듣기는커녕 학교에서 공부는 안 하고 왜 나왔냐고 호통치던걸. 그게 가짜 자연 공부인 줄은 모르고 말이야. 결국 물의 이치대로 둑을 고치자는 어른들이 몇 분 있어서 우리 말대로 하기는 했지만 말이야."

"그것 참 신 났겠다. 그런데 체육이나 음악, 미술 공부 이야기도 들려줘."

"체육 이야기가 나왔으니 말인데 우리 학교는 체육 시간에 푹 쉴 때가 많아."

"그게 무슨 소리야? 우린 체육을 하면 윗옷을 벗고 체조를 하거나 뛰고 달려서 무척 힘든데……."

"우린 보통 2, 3킬로미터씩은 걸어서 학교에 오거든. 그런데도 체조하라, 뛰어라, 달려라 한다면 우리 몸을 도리어 해칠까 봐 그러는 거야. 그러지 않아도 실제 일을 통해서 공부를 하자니 아무래도 운동을 많이 하게 되거든. 그렇다고 체육 시간에 모두 쉬는 건 아니야. 쉴 필요가 없는 아이, 운동을 하는 것이 좋은 아이들은 체조도 하고 달리기도 하지. 너 참, '옥수수 밭 달리기', '짐승 쫓아가기', '장대 짚고 개울 넘기' 같은 걸 체육 시간에 해 본 적 있어?"

"아니. 너희들은 체육 시간에 그런 놀이를 많이 하는가 보네. 참, 음악 시간은 어떠니? 우린 콩나물 대가리 같은 음표 때문에 골치야. 너희들도 그러니?"

"아니, 우린 음악 시간을 얼마나 기다리는지 몰라. 그래서 우린 음악 시간이 아니고라도 노래 좀 가르쳐 달라고 선생님을 졸라 대. 틈만 나면 가락에 맞추어서 다 함께 노래를 하는 거지. 물론 네가 말한 콩나물 대가리도 배우는데 별로 골치를 썩지 않아. 다장조의 가락 정도는 우리끼리 보고 부를 수 있으니 말이야. 그러고는 동네에 돌아와서 고운 노래를 어른들한테 불러드리는 거야. 참, 어제저녁에 너도 들어 봤지? 그 노래 어때? 아주 곱지?"

"응. 참 고운 노래였어. 그런데 미술 공부는 어떻게 해?"

"저 구석 좀 봐. 고목나무로 꾸며 놓은 것 말이야. 너도 멋있다고 한 거. 그리고 사랑방 벽에 걸린 붓글씨도 보았어? 그리고 안방에 걸린 동양화도 모두 미술 시간에 공부한 거야."

"너희는 미술 시간에 '꾸미기'니 '만들기'니 '붓글씨 쓰기'니 '동양화'니 골고루 배우는구나. 우린 고작해야 크레파스나 물감으로 그림만 그리는데."

"우리 학교에선 무엇을 가지고나 제 살림을 예쁘게 꾸며 보라고 해. 그게 미술 공부라는 거야."

"그럼 실과 공부는 어떻게 해? 참, 난 우리 학교 생각만 했다. 너희는 학교 공부가 모두 실과 공부니까. 실과 시간이라고는 따로 없겠구나, 그렇지?"

"응. 그런 시간은 없어. 필요가 없는 거지. 그래서 도덕 시간도 없고."

"도덕 시간도 없어? 우린 교과서로 배우고 시험까지 치는데 너희들은 도덕 점수를 어떻게 내?"

"얼마나 착하게 지내는지를 보아 점수 주는 거지 뭐. 그게 도덕 아니니? 착해지지는 않으면서 시험만 잘 봤다고 좋은 점수라면 그거야말로 가짜지 뭐."

"어쩌면 그렇게 우리 학교랑 다르니? 우리 학교를 생각하면 정말 어처구니가 없구나. 하나만 더 얘기해 줘. 처음에 말한 여섯 동네 어른들 생각을 고쳤다는 이야기 말이야. 그건 언제 어떻게 했다는 거니?"

"아직 얘기 안 했구나. 그게 더 재밌는데. 아까 말한 대로 우리 학교에서는 4학년 이상 어린이한테 집짐승 공부를 시키게 됐는데 처음에는 그 까닭도 모르는 동네 어른들이 학교에서 꼬마들을 부린다고 막 야단들이었어. 심지어 어떤 분은 그런 일 안 하고 살게 하려고 학교에 보내는데, 아이들한테 집짐승을 기르게 한다고 학교까지 와서 야단치는 분도 계셨지. 그런데 날이 갈수록 학교에서 우리 아이들을 부리는 게 아니고 그거야말로 진짜 공부라는 것을 알게 된 거야. 뿐만 아니라 학교 안에 협동조합까지 만든 우리들이 몇 달 안 가서 우리 힘만으로 학비를 마련하게 되니까 이번에는 바로 야단치시던 어른들이 앞장서서 동네마다 농업협동조합을 크게 고치기 시작한 거야. 아이들한테 질세라 이번에는 어른들 모두가 한마음이 되어 농민 잘 살게 하는 조합으로 만들어 가게 된 거지. 그 이전에는 그렇지 못했거든. 이름만 농업협동조합이고 만날 말로만 농민들 잘 살게 한다고 했었어. 그런데 이때부터였어. 실제로 농민을 위한 조합이 될 수 있도록 동네 어른들이 마음을 모으게 된 거야. 말하자면 우리들이 동네 어른들 생각을 고친 거야. 우리 아이들이 어른들을 가르쳤다고 할 수 있잖아. 틀림없는 것은 우리 학교가 우리 아이들로 하여금 그 부모님들이 살고 있는 여섯 동네 어른들 모두를 가르치게 한 거지."

"용달아, 난 네 얘기를 들으면서 이런 생각이 들었어. 내가 다니고 있는 서울 학교는 그야말로 가짜 학교이고, 네가 다니는 산골짜기 학교야말로 진짜 학교라고 말이야."

학교가 어떤 종류이든 그 목적은 학생의 교육이어야 한다. 학생 교육이라는 것은 학생의 인간적인 변화를 뜻한다. 그리고 그 인간적인 변화는 남들 또는 다른 어떤 것을 위하는 것이어서도 안 된다. 오직 학생의 삶 또는 학생이 살아가게 될 그 사회만을 위해서 좋은 것이어야 한다. 학생의 삶과 사회에 필요한 가치관, 지식, 기능, 태도여야 하는 것이다. 이 점에 있어서 아이를 낳아서 길러 온 부모한테도 엄격히 적용되어야 하거늘 학교 선생에 있어서야 더 말할 나위도 없다. 학교 선생이 학생을 교육하네 하고 학생 아닌 다른 것을 위하는 날에는 이보다 더 큰 죄는 없는 것이다.

엄격하게 말한다면 부모 공경과 나라 사랑조차 그것이 학생 삶과 학생이 살아갈 사회에 좋은 것이라서 그런 것이다. 한마디로 선생은 학생들을 위해서 있는 것이다. 그래서 선생한테는 교권이 주어진 것이다. 학생을 위해서가 아닌 다른 어떤 것을 위해서도 교권을 행사해서는 안 된다. 그것은 교권의 오용 또는 남용이다. 위에 '진짜 학교' 이야기가 말하고자 하는 것은 바로 교권의 올바른 행사이다. 진짜 학교란 다름 아닌 교권을 올바로 행사하는 학교이다.

병원이 환자의 병을 고치는 곳임에 틀림이 없듯이 학교란 학생의 공부를 지도하는 곳임에 틀림이 없다. 어느 병원도 모든 환자가 잘 먹고 잘 쉬게끔 환경을 꾸며 주어야 하지만 그것이 첫째로 중요한 임무는 아니다. 이와 마찬가지로 어느 학교도 모든 학생이 잘 자라게끔 환경을 보살펴 주어야 하지만 그것이 첫째로 중요한 임무는 아닌 것이다. 학교의 첫째 임무는 어디까지나 학생 공부를 지도하는 일이다. '진짜 학교' 이야기가 두 번째로 말하고자 하는 점은 올바른 지도 방법이다. 교과서로만 공부시키고 난 다음에 실천을 요구하는 방식이 아니다. 실천하는 가운데 공부가 되게끔 하는 방식이 되어야 한다.

공부가 되었다 함은, 학생의 삶이 달라졌음을 뜻하는 것이어야 한다. 빈말만 하고 글재주나 늘었지 학생의 삶이 그대로라면 그것이 바로 가짜 공부이다. 그리고 옛날에도 공부에는 끝이 없었는데, 오늘날은 더 말할 나위가 없다. 학생 시절에 아무리 공부를 많이 하게 했기로 졸업 후에는 그만두게 만드는 따위의 지도 방식은 차라리 학생 시절에 공부를 덜하게 하는 한이 있더라도 졸업 뒤에야말로 더하게 만드는 방식만 못하다.

실천이 공부가 되고, 공부가 될 때마다 삶이 달라지고, 삶이 달라질 때마다 더 공부할 수 있도록 만드는 지도 방식이야말로 공부의 올바른 지도 방식인 것이다. 이것이 한국 학교가 가야 할 길이다.

저를 거듭 낳으신 그날

어머니 아버지한테 들어서 알게 된 얘기입니다. 사실 저는 생각이 잘 나지 않습니다. 제가 섬마섬마를 하고 걸음마를 떼자 어머니와 아버지는 저를 놓고 의논하셨답니다.

"여보, 일찌감치 서둘러서 아이한테 피아노를 가르칩시다. 당신도 나도 피아노를 칠 줄 아니까 말이에요."

물론 두 분은 그러기로 의논이 된 것이지요. 아버지가 말씀하셨습니다.

"우선 피아노를 가까이해야 할 게 아니오?"

그날부터 어머니와 아버지는 틈만 나면 절 피아노 곁에 데려다 놓고는 그 소리를 들려주었대요. 얼마 동안 이랬더니 아, 글쎄 제가 피아노 곁에 가는 걸 점점 싫어하게 되더라나요. 그래서 두 분은 또 의논하셨답니다.

"이 애는 아이스크림을 무척이나 좋아하니까 그런 것으로라도 달래면서 가르쳐야지 별 도리가 없지 않겠소?"

그래서 또 얼마 동안은 먹는 것으로 달래 보기로 하셨다는 거예요. 그런데 이것도 처음 며칠뿐이지 나중에는 소용이 없더랍니다. 피아노 공부를 시킬 기미만 알아차리면 슬금슬금 집 밖으로 나가려 하더라나요. 물론 그러느라 피아노 공부도 제대로 안 되었지요.

먼저 속이 상한 분은 아버지였대요. 홧김에 절 몇 번 때리셨다나요. 그랬더니 제 고집 좀 보세요. 그때부터는 숫제 아버지가 나타나기만 하면 어디론가 달아나려고 했대요. 그러자 이번에는 어머니가 당황해서 저를 얼러 보았어요. 새 옷을 사 줄 테니 피아노에 앉아 보자, 구경을 데리고 나갈 테니 피아노를 쳐 보자, 장난감을 사 줄 테니 피아노 공부를 하자……. 그런데도 전 막무가내였대요. 그 꼴인데 어머니인들 화가 안 났겠어요?

그토록 공들여 피아노를 치게 하려는데도 전 그저 밖으로 나가서 동무들과 놀려고만 했으니 말이에요. 이번에는 어머니도 매를 들었답니다. 두 분이 한패가 되어 절 때리게 된 셈이지요. 그러나 제 고집은 꺾이지 않았답니다. 하루는 두 분 다 긴 한숨을 내쉬더래요.

다음은 그때 두 분이 나눈 대화입니다.

"여보, 당신 부모 말이오. 그러니까 내 장인 장모 말이오. 그분들은 피아노를 칠 줄 아셨던가?"

"아니, 그걸 몰라 물으시는 거예요? 그럼 시부모님은 피아노를 치셨단 말이에요?"

"어허 참, 그래서 말하는 게 아니오. 우리 둘의 부모 네 분이 다 피아노를 못 치셨는데 우리 둘은 피아노를 칠 줄 알게 된 거 아니오? 그렇다면 당신과 내가 피아노를 친대서 우리 아이를 억지로, 그것도 아이 때부터 가르치려 하는 건 우리 잘못이 아닌가 하는 말이오."

"아닌 게 아니라 우리가 이보다 더 애를 들볶아 대는 것은 정말이지 못할 노릇이에요. 때리다 보면 어떻게나 불쌍한지, 우리 잘못인 듯싶어요. 그럼 이제 그만두기로 할까요?"

이래서 어머니 아버지 두 분은 더 이상 저를 괴롭히지 않기로 결정한 것이지요. 말하자면 강압적이고 무리한 피아노 교습에서 제가 해방이 되는 순간이었습니다.

이러한 일이 있은 뒤, 몇 해가 지난 어느 봄날이었지요. 저는 마루에 앉아 따스한 햇볕을 쪼이며 팽이채로 마루를 한 번 가볍게 두들겨 보았습니다.

그러고는 연거푸 두들기면서 그 소리를 듣고 있었습니다. 딱 따닥 딱 다다딱……. 그러다가 옆을 흘낏 보니 솜 방석이 눈에 띄었습니다. 그래 무심코 두드려 보았지요. 퍽 퍼벅 퍼퍼벅. 같은 팽이채를 손에 들었는데도, 들려오는 소리는 어쩌면 그렇게도 달랐던지요. 저는 불현듯 또 다른 물건을 한 번 더 두드려 보고 싶었습니다.

마침 양철 쓰레받기가 눈에 띄어 가만히 쳐 보았지요. 그랬더니 이번에는 땡 하고 높고도 맑은 소리가 났어요. 계속해서 마루와 방석과 양철을 번갈아 가면서 살짝 두들기기도 하고 세게 두들겨 보기도 했습니다. 땡 퍼벅 딱, 땡땡 퍽딱 따닥 댕댕 퍽 딱……. 이렇게 세 가지

소리를 이리저리 묶어서 듣고 있다 보니 저는 신바람이 났습니다.

바로 이때였습니다. 아버지가 밖에서 들어오신 것입니다. 그러나 저는 아랑곳하지 않았습니다. 손에 든 팽이채로 계속해서 세 가지 물건을 두들기며 듣고 있었습니다. 아버지는 잠시 동안 절 바라보고만 계시더니 아무 말씀도 없이 피아노가 있는 건넌방으로 들어가시는 것이었습니다. 저는 그래도 마루와 방석과 양철 쓰레받기를 번갈아 요리조리 때리고만 있었습니다.

그런데 바로 이때입니다. 건넌방에서 피아노 소리가 들려온 것입니다. 그 소리는 절 놀라게 하고야 말았습니다. 그 피아노 소리가 제가 두들기는 소리와 같았던 것입니다. 몇 번을 달리 때려 놓고서 기다려 보니 아버지는 제가 내는 소리대로만 들려주시는 것이었습니다. 저는 벌떡 일어나서 아버지가 치고 있는 피아노 곁으로 달려갔습니다.

"아버지, 어떻게 했어요? 아버지가 피아노로 내 흉내 냈지? 나도 피아노 쳐 보면 그 소리가 날까요?"

"암, 나고말고. 어디 한번 해 보련?"

이래서 저는 정말 오랜만에, 아니 몇 해 만에 피아노 건반을 누르게 된 것이었습니다. 그때의 기쁨, 아니 그때의 감격은 지금껏 잊을 수가 없습니다.

그날부터입니다. 단 하루도 피아노를 치지 않는 날이 없었습니다. 아버지와 어머니가 놀랄 만큼 피아노 곁에서 살아왔습니다. 그래서 어느 정도 자신감을 갖게 되었습니다. 지난가을에는 음악 경연회에서 입상까지 했습니다.

지금 전 중학교 3학년생입니다. 피아노 없이는 살 수 없게 된 나. 가만히 생각해 봅니다. 어느 부모인들 자기 아들딸을 단숨에 뛰어난 사람으로 만들고 싶지 않을까요. 우리 부모님도 그래서 그러셨을 겁니다. 그러나 우리 부모님은 정말로 현명하셨다고 느껴집니다. 그렇게도 시키고 싶었던 피아노 교습을 중단하고 여러 해 동안 저를 제 또래 사이에서 마음껏 뛰놀게 하신 것이었습니다. 사실을 말하자면 그러는 가운데 저는 몸도 골고루 잘 자랐고 머리도 고루 잘 발달하였으며 성격도 잘 바로잡혀 갔던 것이 아니었을까요?

그렇게 몇 해가 지나고 어느 날, 저는 팽이채로 마루와 방석과 양철을 두드리며 귀를 기울이고 있었습니다. 저는 행동으로, 이제는 몸과 마음과 머리가 피아노를 배울 준비를 갖추었노라고 부모님께 선언을 하고 있었습니다. '이제는 저에게 피아노를 가르쳐 주세요' 하고 선언했던 것입니다.

그런데 우리 아버지는 저의 이러한 말 없는 선언을 알아차리시고는 아무 말씀 없이 건넌방으로 가서 피아노 소리로 저를 부르신 것이었습니다.

그래서 이번엔, 지난날과는 정반대로 도리어 제가 부모님께 떼를 써 가면서 피아노를 배우게 되었습니다. 그래서 지난가을에는 음악경연회에서 입상까지 하게 된 것입니다.

그날이야말로 우리 부모님이 저를 거듭 낳으신 날입니다. 음악 경연회에서 상을 받은 날을 말하는 것이 아닙니다. 그까짓 상 받은 일

따위가 뭐 그리 대단해서요.

그날은 따스한 봄볕을 받으며 마루에 앉아 팽이채로 마루와 방석과 양철을 번갈아 요리조리 때리며 신 나게 놀고 있던 날입니다. 우리 아버지가 아무 말씀도 없이 건넌방으로 가서는 피아노 소리로 제 흉내를 내시며 저를 부르신 바로 그날 말입니다. 생각하면 저는 그날, 아주 딴 사람이 되었던 것입니다. 그날이야말로 우리 아버지가 저를 거듭 낳으신 날이었습니다.

한국 학교만큼 공부를 많이 시키는 학교도 드물 것이다. 그러나 한국 학생들만큼 졸업 뒤에 공부를 안 하는 사람들도 드물 것이다. 어째서 이렇게 된 것일까? 그 까닭 가운데 하나는 어린이를 잘못 보고 있는 데에 있다.

어린이는 강제로라도 시켜야지 공부를 한다고 생각하는 것이다. 강제로 하면 누구나 불쾌한 것이고, 그 강제가 없어지는 날, 누구나 공부를 그만두는 것이다.

졸업 뒤에야말로 스스로 공부하는 사람이 되게 하는 길은 없을까? 사람이면 누구나 그렇듯, 어린이도 제 딴에는 더 나은 사람이 되고자 안간힘을 쓰고 있다. 억지로 시키지 않아도 공부를 하게 마련인 것이 어린이다. 그 아이들이 하고자 하는 공부를 우리는 성심껏 도와주면 되는 것이다. 공부해서 더 나은 자기가 되어 가고 있는데, 졸업 뒤라고 그 공부를 그만둘 리는 없는 것이다.

한국의 학교만큼 학생들에게 이해하기 어려운 것을 가르치는 학교도 드물다. 그러나 한국의 졸업생만큼 쉬운 것도 실제로 할 줄 모르는 졸업생도 드물 것이다.

어째서일까? 그리된 까닭 가운데 하나는 학습을 잘못 보고 있는 데에 있다. 자라는 과정과 경험에 걸쳐 배워야 하는 것인데, 미처 배울 준비가 돼 있지 않은 것도 이치로만 따져 가르칠 수가 있다고 생각하고 있는 것이다. 가르친 대로 외워 둔 것은 시험 치고 나면 잊게 마련인 것이고, 설사 잊지 않은 것이 있을 지라도 사실로 알고 있는 것은 아니다.

졸업 뒤에야 비로소 학생 시절에 배운 것을 실천하게 하는 길은 없을까? 애써 노력하여 실천할 수 있는 것을 가르치되 실천하면서 배우도록 하는 것이다. 힘들이지 않고도 할 수 있는 것을 되풀이해서도 안 되지만, 아직은 힘써도 실천할 수 없는 것을 미리 가르칠 필요는 없다. 가르치지도 않고 실천하라고 해서도 안 되지만 실천 없이 가르쳐서도 안 된다. 배우는 일과 실천하는 일이 하나가 되어야 한다.

한국의 학교만큼 고진감래, 칠전팔기를 역설하면서 학생들을 고생시키고 패배시키는 학교도 드물 것이다. 그리고 한국의 졸업생들만큼 자신감이 없는 채 약자의 권리나 인격을 짓밟고 강자를 따르는 사람들도 드물 것이다.

어째서 이리된 것일까? 그 까닭 가운데 하나는 자아 형성을 잘못 이해하는 데 있다. 학생으로 하여금 저 못난 줄을 알게 해 주어야 더 잘나 보려고 애쓰는 사람이 된다고 생각하는 것이다. 그러나 실제는 그렇지가 않다. 자기가 믿고 있는 부모나 선생이 자기를 못난이로 여기면 저도 스스로를 못난이로 생각하는 것이다. 자기를 못난이로 생각하면 잘난 짓을 안 하게 되는 것이다.

졸업 뒤에야말로, 자신있게 남들을 도우면서 제 행복을 추구하는 그런 사람이 되게 하는 길은 없을까? 사람은 누구나 자기가 필요한 존재임을 깨달을 때 더욱 필요한 존재가 되고자 힘쓰게 마련이다. 조그마한 것을 이루어도 좋다. 그것을 쌓아 가다 보면 크게 이룰 수 있게 되는 것이다. 자신감이 생겼는데 졸업한 다음이라고 약자를 억누르고 강자에 빌붙어 살아갈 리는 없다.

한국의 학교만큼 세분화된 전문교육을 치중하는 나라도 드물 것이다. 그러나 한국의 학생들만큼 대기만성이 아니라 소기조성(小器早成)하는 학생들도 없을 것이다.

어째서 이리되었을까? 여러 까닭 가운데 하나는 사람을 잘못 알고 있는 데에 있다. 몸 따로 마음 따로, 또는 머리 따로 손발 따로 활동할 수 있는 것으로 생각하는 것이다. 몸은 마음의 다른 이름에 지나지 않는다. 또한 손발은 머리에 닿아 있어야 제 구실을 할 수 있는 것이다. 마음 제쳐 놓고 몸만 발달시키자니 마음만큼밖에 안 되고, 머리를 제쳐 놓고 손재주만 기르자니 머리만큼만 길러지고 마는 것이다.

한국의 학생들로 하여금 졸업 뒤에도 계속해서 스스로를 키워 나가게 하는 길은 없을까? 세우려는 건물이 크면 클수록 그 기초를 튼튼히 해 놓아야 하듯, 뛰어난 재주를 기르려면 인간적인 바탕이 넓고도 견고해야 한다. 사람은, 따라서 어린이도 그보다 잘게 쪼갤 수 없는 가장 조그만 단위인 것이다. 목표를 재주 기르는 데 두려면 사람을 통틀어 키워 나가야 한다.

앞에서 쓴 글은 부모의 억압으로부터 해방된 어린이가 자기 인생을 마음껏 산 노릇이, 이번에는 부모의 강제 없이도 제 소망에 따라 부모의 소망대로 쉬지 않고 공부하게 되는 과정을 그린 것이다. 그 부모는 비록 어린 아이일지라도 더 나은 존재가 되고자 하는 욕망은 부모 못지않다는 것을 깨닫고 억압을 풀었던 것이다.

선생이 아닌 부모가 자기 아이의 선생 구실을 함에 있어, 피아노를 체계적으로 배울 수 있을 만큼 몸과 마음과 머리가 통틀어 준비되는 순간을 참을성 있게 기다렸다가 놓치지 않은 것이, 그 어린이로 하여금 새로운 세계의 아름다움에 도취해서 피아노 공부에 몰두하게끔 했다. 그 부모는 피아노 잘 치는 아이를 보고 싶은 허영심을 버렸다. 그리고 아이가 스스로 주인되어 제 인생을 살 권리를 인정해 주었다. 한마디로 아이를 진정으로 사랑했다. 그렇기에 스스로 중단한 어린 시절의 피아노 교습을 몇 해 뒤 스스로 부모한테 부탁하면서 다시 시작한 것이다.

앞글에서는 자기 삶에 기쁨을 누리고 뜻을 찾게끔 도와주게 된 아버지를 두고 자기를 거듭 낳아 준 분이라 했다. 지금 한국 학교들은 학생들로 하여금 그들의 삶에 기쁨을 누리고 뜻을 찾게끔 도와주고 있는 것일까? 아니면 기성세대의 삶에 영광을 돌리게끔 그들을 길들이고 있는 것일까? '학생 사랑의 회복'만큼 절실한 것이 한국 학교에 또 있으랴. 학생마다 거듭 낳아 주는 학교가 되게 하려면 말이다.

신성한 교권을 지키며

학생은 선생의 썩은 속을 먹어야

선생님, 보내 주신 편지는 고마운 마음으로 읽고 또 읽었습니다.

처음 읽었을 때에는 남의 아들 가르치시다가 속이 썩은 이야기인 줄만 알았습니다. 참으로 속 많이 썩으셨더군요. '선생 똥은 개도 안 먹는다'는 옛말이 맞다고 여겨질 정도였습니다. 다시 읽으면서 느낀 것은 좀 달랐습니다.

선생님한테 배우고 사람이 된 학생의 이야기로 느껴졌습니다. 학생이 참으로 많이 달라졌더군요. 선생님 속을 썩이더니 학생의 마음에 새싹이 돋았더군요. 그까짓 개야 선생의 똥을 먹든 안 먹든, 학생은 선생의 썩은 속을 먹어야 착해지나 봅니다.

그러고는 한 번 더 읽었습니다. 이번에는 선생님이 속을 썩인 이야기가 도리어 아름답게만 느껴지고 학생이 착해진 이야기는 비장함마

저 느껴졌습니다. 결국 남남이 학생과 선생으로 만나 서로를 달라지게 한, 그래서 함께 행복해진 이야기로 느껴졌습니다.

그 학생의 무단결석이 잦아서 아버지에게 두 번이나 편지를 드렸는데도 깜깜소식이라 학생 집을 찾아가셨다고 한 것은 열 번을 말한데도 참 잘한 일입니다.

'한 번도 아니고 두 번이나 편지를 보내서 왜 결석을 하는지 밝히고 학교의 허락을 받으라 했으면 학교로서 할 일을 다한 것이다. 그러니 제적을 시키라.'

이것은 선생님 말씀대로 학교가 아직 어린 학생한테 학교답지 않은 짓을 했다고 생각합니다.

저는 그 학생을 제적시키는 것은 학교의 직무 유기라고까지 생각합니다. 학생의 집을 방문해야만 하는 절실한 까닭이 없는데도 이 핑계 저 핑계로 자주 찾아간다면 그 학생 교육에 해롭습니다. 그러나 선생님의 경우에 학생 집을 찾아가지 않는다면, 첫째로 그 학생을 만나서 교육할 수가 없고, 둘째로(보통 선생보다 더 큰 영향력을 가진) 학부모를 만나서 협의할 수가 없습니다. 그러니 그 집을 찾아가지 않는 것이 선생의 일을 하지 않은 것이라고 저는 믿고 있습니다. 선생님의 경우, 학교에서 근무를 마치고 난 다음에 선생님의 돈을 써서 방문하셨지만 저는 그런 방문이야말로 근무시간에 공금으로 가셔야 한다고 생각합니다. 이는 근무시간에 교실에서 가르치실 때 공금으로 구입한 분필을 쓰는 것과 같기 때문입니다.

학생을 가르치는 데 도움이 되지 않는 형식적인 가정방문은 없애야겠지만, 다른 방법보다 교육 효과가 클 경우의 가정방문은 교실에서 하는 수업과 같다고 여겨야 합니다. 교육행정이 가정방문을 하지 않도록 지시했다면 그 지시는 저절로 무효입니다.

교육행정은 학생을 가르치는 교사가 더 잘 교육하게끔 뒷받침할 때 정당한 것입니다. 그런 지시는 학생의 교육을 도리어 방해하는 것이 됩니다. 교육행정이 학교에 지시를 내릴 수는 있지만 그것이 교육 효과를 줄이게 하는 경우는 그 지시가 저절로 무효가 되는 것입니다.

선생님의 경우, 교육행정이 마침내 선생님이 학생 집을 찾아간 참 뜻을 이해하게 되어서 참으로 다행이었습니다. 그것을 계기로 학생 교육에 필요할 때 가정방문을 하게끔 한 것은 더욱 반가운 일이었습니다. 우리 나라의 교육을 개선한다고 하면 엄청나게 들리지만 선생님이 옳은 일을 하시고 겪으신 어려움으로 말미암아 나라의 교육은 그만큼 나아진 것입니다.

이야기는 좀 다릅니다만 여러 해 전에 교육행정이 학부모의 학교 방문을 금지한 적이 있습니다. 소위 치맛바람이 거세게 불고 있을 때였습니다. 선생님의 봉급 전액이 국고에서 나오지 않고 어느 정도를 사친회비*로 충당하고 있다는 것을 핑계 삼아, 부유층 어머니들이 돈을 거두어 선생님께 드리고는, 자기 아이만 잘 봐주기를 바라는 못된 풍조가 있었을 때였습니다.

---

* **사친회비** 사친회는 학교를 중심으로 하여 학부모와 교사로 이루어진 모임이다. 이 모임의 운영을 위해 학부모들이 내는 돈.

제 동료 교사는 자기가 가르치는 학생들의 어머니를 학교에 오시도록 한 일이 있었습니다. 자기가 그 어린이들을 가르치기 시작했을 때와 지금이 얼마나 다른지 어머니들한테 이야기해 주기 위해서였습니다.

공부는 고루 나아졌지만 지금도 친구가 없어서 외롭게 지내고 있는 어린이, 공부는 나아졌고 사귀는 동무도 늘었지만 아직도 마음씨가 착해지지 않는 어린이……. 꼭 부모님과 이야기를 나눠 봐야 앞으로 학교와 집에서의 지도법이 나올 만한 그런 어린이들의 어머니를 학교에 오시도록 한 것이었습니다.

교육행정은 학교에다 학부모의 학교 방문을 금하라고 지시했는데 이 교사는 도리어 학부모더러 학교에 오라 했으니 문제가 된 것이었습니다. 행정 지시를 글자 그대로 해석하면 그 교사가 지시를 어긴 셈이 되는 거지요. 하지만 동료 교사가 한 일이야말로 교사가 해야 할 일인데 어찌하겠습니까? 그 지시가 저절로 무효가 되고 만 것이지요.

학생의 교육상 필요할 때는 학부모가 학교로 올 수 있게 한 것이었습니다. 그때 동료 교사도 선생님만큼이나 속을 썩었던 것으로 기억합니다. 그러나 그 뒤에 나라의 교육이 그만큼 나아진 것이지요. 세상만사에 거저는 없나 봅니다.

교육행정 지시가 그 한계를 벗어난 바람에 지키지 않는 경우는 또 있었습니다. 부모가 자녀를 위해 사서 읽히면 좋을 책을 교사가 알려 주지 말라는 행정 지시가 있을 때였습니다. 많은 돈을 들여 어린이책을 펴낸 출판사가 소개비를 교사에게 주어 가며 책을 팔아 달라 부탁하던 때였습니다.

제 동료 교사는 틈만 나면 책방에 들러 자기가 가르치고 있는 학생들한테 알맞게 나온 좋은 책을 찾는 것이었습니다. 학생들한테 공통으로 좋음직한 것도 골랐지만 학생마다 읽었으면 하는 책도 찾았습니다. 그러고는 학생들에게 그 책이 왜 좋은지를 말해 주고, 학부모에게 사 주라고 부탁까지 했던 것이지요. 심지어는 여럿이 사면 값을 깎을 수 있으니, 원하는 학부모는 교사에게 말하라고 해서 문제가 더욱 커졌던 것입니다.

'부독본 소개 금지의 행정 지시를 어긴 아무개 교사', 그때 신문 기사 제목이었습니다. 그러나 장사하는 출판사가 주는 돈을 챙기고 나쁜 책을 억지로 사게 한 것이 아니라, 교사가 자기 학생들을 올바로 교육하자니 교과서만으로는 부족해서 찾아갔던 서점이었고, 자기의 전문적 판단으로 책을 골랐던 것이고, 힘닿으면 사서 읽으라고 권했던 것입니다. 이것을 안 하면 도리어 교사의 일을 하지 않는 셈이니, 그것을 못하게 한 교육행정 지시는 저절로 무효가 될 수밖에 없었습니다.

지금 자기가 가르치고 있는 학생들에게 무슨 책을 읽혀야 좋을지를 아는 이는(어린이 교육을 전문하고 지금 그 어린이들을 가르치고 있는) 바로 그 교사인데, 그 교사가 그 일을 안 하게 된다면 학생도 부모도 행정인도 그 일을 몰라서 못할 테니 불쌍한 건 어린이입니다. 가정방문도, 어린이한테 책을 권하지도 말라니. 학부모도 오라 하지 않고 만나지 않으면 편한 건 교사인 줄 누구는 모르나요? 교실에서만 가르칠 수 없는 것들을 해야 합니다. 교육행정은 교사의 학생 교육을 도울 때만 정당합니다.

학생의 아버지는 아들에게 종교를 믿으라 하고, 토요일을 쉬는 걸 조건으로 나머지 닷새를 중학교에 다니라고 했습니다. 아들은 토요일에도 학교에 가게 해 주면 그 종교를 믿는다고 했고, 그것이 그 학생이 무단으로 학교를 빠지고 있는 까닭이었던 것이지요. 선생님은 그걸 알고 그 부자 사이 다툼에 끼어들었습니다. 자녀에 대한 아버지의 권리에 맞서서 학생에 대한 선생으로서의 권리를 세운 것은 열 번은 더 잘하신 일입니다.

그 학생은 선생님의 학생이기 이전에 그 아버지의 아들입니다. 그리고 그 아버지가 아들을 맡기어 가르쳐 달라기에 선생님이 그 학생을 가르치게 된 것도 맞습니다. 더 말할 나위 없이 아버지와 아들 사이는 피로 맺어진 사이이고 선생과 제자 사이는 그렇지 않은 것도 맞습니다. 그렇다고 해도 부모든 선생이든 학생의 권리를 짓밟을 수는 없는 것입니다.

학생에게는 배울 권리가 있습니다. 이 권리는 없었던 것을 누가 주어서 가지게 된 그런 것이 아니라, 타고난 것이어서 남이 빼앗지 못하는 권리입니다. 그런데 학생의 배울 권리는 아버지보다 선생이 지켜 줘야 할 것입니다. 선생님께서는 아버지로서의 친권에 대해 선생으로서의 교권으로 맞서서 학생의 배울 권리를 지켜 준 것이었습니다.

미국 오하이오 주에서는 부모와 자녀가 힘을 모아 종교의 자유를 내세워 등교를 거부한 일이 있었습니다. 선생님은 아버지와 한 달 동안 속 썩는 대화를 하며 문제를 풀었지만, 미국 학생이 등교를 거부한 경우에는 해를 넘기는 재판을 하고 나서야 끝날 수 있었습니다. 원고는 교사를 대표한 교육감이었고 피고는 학생이 아직 어려서 학생 부모가 나섰습니다. 미국 학생이나 선생의 학생이나 둘 다 같은 중학생이었지만 미국의 경우에는 의무교육의 대상이었던 것이 다른 점이었습니다.

오하이오 주 재판에서는 교육감이 승소했습니다. 자녀로 하여금 열 해 넘게 교육을 받지 않게 하겠다는 것이 비록 부모의 종교적 신념 때문일지라도 학교 선생을 대표하는 교육감은 주의 학생들로 하여금 주 법률이 정하는 바에 따라 12년 동안 학교 교육을 받게 해야 한다는 것이었습니다.

물론 선생님이 가르친 학생이 의무교육 대상자는 아니었습니다. 한 달 동안 걸친 선생님의 끈덕지고도 어린이 사랑에 넘치는 설득은 마침내 그 아버지의 생각을 고치고야 말았습니다. 아버지는 아들에게 자신의 종교를 믿게끔 권할 수는 있어도 억지로 믿게 할 수는 없는 것인데, 그 아들은 그 종교를 믿더라도 토요일 등교까지는 금지하지 말아야 옳다는 생각을 했습니다. 선생님께서는 자기 학생이 장기 무단결석을 그만하고 기쁜 마음으로 등교하게 하기 위해 그의 아버지를 설득한 것을 알았습니다. 선생님께서는 얼핏 보면 약하기 그지없는 교권으로 강하기 이를 데 없는 친권에 맞서 어린이의 권리를 지켜 줬습니다. 선생의 교권에게도 어린이에게도 승리를 안겨 준 것입니다.

학교 교칙이 그런 걸 두 차례나 편지를 보내서 장기 무단결석의 까닭을 밝히고 허락을 맡으라고 했는데도, 무단결석한 아이의 아버지는 이렇다 할 말 한마디 없었을 것입니다. 그러나 선생님께서는 긁어 부스럼 내는 격으로 부모를 가르치려 들었고 집까지 가서 다투다시피 하셨습니다. 어떻게 해서든 그 학생이 아버지의 뜻을 받들면서도, 배울 수 있게 하기 위해서 말입니다.

선생님이 그 학생에게 아버지의 종교를 믿어 보라 권한 사실을 놓고, 그리고 아버지에게 아들이 토요일에 학교를 나갈 수 있도록 설득한 사실을 놓고 행정과 사회는 말이 많았습니다. 교권이 무엇이길래 감히 친권과 행정권에 맞서려 드느냐는 말이겠지요. 선생님은 참으로 장하십니다. 기운이 세서서 장하신 것이 아니라 자신의 권리를 지켰기에 장하십니다. 어느 때 어느 사회에나 교권은 서 있어야 한다는 것을 온 세상에 알려 주셔서 장하십니다.

함께 행복해진 이야기

저는 지금, 마음도 홀가분히 학교에 다니고 있는 그 학생을 생각해 봅니다. 그리고 그 학생이 장차 이 세상을 위해 해낼 일을 생각해 봅니다. 그리고 그 학생이 학교에서 제적당했을 경우도 생각해 봅니다. 그 학생과 그 아버지는 물론이요, 사회와 교육행정인들 떳떳할까요?

떳떳하다면 그 사회나 그 교육행정은 병든 것인지요. 병이 들어도 깊이 든 것이지요. 상대가 어린 학생인데도 그 아버지가 교육을 전문한 이가 아닌데도, 그 학생을 이해하고 무엇을 어떻게 가르쳐야 할지를 잘 아는 선생이 따로 있는데도, 사회와 교육행정이 학교가 마련하고 행정이 승인한 교칙 그대로 제적시켜 옳다고 해야 할까요? 그렇다면 지금 어른들만 잘 살고 말자는 생각일뿐, 민족 또는 국가의 무궁한 발전 따위는 염두에도 없는 것이지 않겠습니까? 어린이 하나가 없을 때 어린이들은 없는 것이고, 어린이 하나하나를 가르치지 않으면 인류의 미래는 없는 것이니까 말입니다. 한마디로 제적은 가르치지 않겠다는 말입니다.

선생님께서는 이번 그 학생의 경우만이 아니라, 교직 생활 열다섯 해에 네 학교째인데 어느 학교에 계실 때에도 학생의 제적만은 막으셨다고 들었습니다. 교원으로서는 가장 마지막 수단인 사표까지 걸고 학생의 제적만은 막으셨다고 들었습니다. 이번 학생의 경우를 포함해서 선생님도 장하시지만 선생님과 생각을 함께하신 분들, 사회와 교육행정 쪽에 계신 분들도 모두 장하십니다. 교사의 할 일을 뒷받침했으니까요. 교권이 설 수 있도록 도와줬으니까요. 무엇보다도 어린이의 배울 권리를 지켰으니까요.

선생님, 지금 그 학생은 아버지가 권하신 그 종교를 믿으며, 출석도 개근이고 우등생 효자라면서요. 지금 그 아버지는 어린 아들의 미래 가능성을 보고 정중하게 대하는 어질고도 착한 아버지라면서요. 그리고 지금 선생님은 행복하시고요. 속 썩는 것을 누군들 바라겠습

니까만 선생님처럼 행복해지기 위해서라면 저도 제 속이 썩어 볼까
합니다. 그까짓 개야 선생의 똥을 먹든 안 먹든, 학생은 선생의 썩은
속을 먹어야 착해지는 것이라면 저도 속이 썩어 볼까 합니다.

　　선생님이 보내 주신 편지, 참으로 고마웠습니다.

교수님이 데모하라고 가르쳤어요?

어린아이들의 주인 의식

어느 특수학교 교장으로 일했을 적 일이다. 학교가 병원 안에 있어서 모든 학생이 서른 명을 넘지 않는 작은 학교였다. 학생들은 소아마비나 뇌성마비를 앓아 신체가 자유롭지 못한 아이들이었다. 그 아이들은 어머니 품을 떠나 몇 해씩 병원에 머물면서 정형외과 수술과 물리치료를 받고도 틈날 때마다 교육도 받고 있었다. 학교 이름도 소아재활원, 신체가 자유롭지 못해서 교육을 못 받은 어린이 하나하나를 의학과 교육학의 지혜를 모아 재활하도록 도와주고 있었다.

하루는 교사 한 분이 교장실로 들어섰다. 어린 학생들이 몰라서 묻는데 어째서 안 가르쳐 주느냐고 자기한테 따졌단다. 의사도, 간호사도, 어머니, 아버지도, 그 밖의 어떤 어른도 묻는 대로 시원시원하게 대답하는데, 정작 가르쳐 줘야 할 선생님이 입 다물고 말다니 말도 안 된다는 것이다. 심지어 어떤 어린이는, 그런 선생은 선생도 아니라는 말까지 하더라고 했다.

　그러니까 10년도 훨씬 넘었나 보다. 한일국교정상화*를 놓고 사람들 의견이 둘로 나뉘다시피 한 무렵의 일이다. 학교는 정치 현실을 일절 가르치지 말라는 교육 당국의 지시를 받고 있었다. 헌법에도, 교육 관계법에도 있는 '교육의 정치적 중립'을 지키라는 지시였다.

　그 교사는 그 지시를 따랐던 것이다. 그래서 제 학생이 자꾸 물어도, 정치 현실이 어떤지 숫제 입을 열지도 않았던 것이다. 교사는 어린이들의 항의를 받고야, 부랴부랴 아이들한테 정치 현실을 가르쳐 준 의사와 간호사들을 만나 보았다. 아니나 다를까, 그이들이 제멋대로 가르쳐서 정치적 중립은커녕 편견을 갖게 한 것이다.

　어린 학생들 물음이래야 별것이 아니었다. 어째서 날마다 무장한 경찰들과 돌 든 대학생들이 죽자 사자 싸우는지 물었던 것이다. '하라는 공부는 안 하고 데모만 해 대는 그따위 놈들은 최루탄 쏘고 방망이로 때려잡아야 백번 옳다'는 학생도 있었고 '하라는 지팡이 노릇은 안 하고 나라 사랑하는 젊은이들한테 몽둥이질만 해 대는 그따위 경찰들은 돌을 던져 골통을 깨 버려도 백번 옳다'는 학생도 있었다. 교사는 아연실색할 수밖에 없었다. 자기가 가르치지 않은 탓에 학생들이 남들한테 이렇게 배운 것을 알고는 두려움마저 느꼈던 것이다.

---

* **한일국교정상화** 1945년 일본의 식민지 지배가 끝난 뒤, 한국과 일본 사이에 놓인 여러 문제들을 해결하려고 1952년 2월부터 1965년 6월까지 14년 동안 한일회담이 열렸다. 이 과정들을 일컬어 한일국교정상화라고 한다.

이번에는 내가 교사의 물음에 대답할 차례가 되었다. 나는 그 교사한테 학생들의 의문을 풀어 주라고 했다. 그래서 나는 교육 당국의 지시를 어길 수밖에 없는 교장이 되고 말았다. 한 걸음 더 나아가 제나라의 정치 현실을 '나라 사랑의 교육' 자료로 활용하도록 부탁까지 했다. 그리고 당국의 지시를 어기는 책임은 나 혼자 지는 대신, 나라의 정치 현실을 교육 자료로 다루면서 교사 개인의 정치적 견해가 어린 학생들에게 널리 전해졌을 때는 그 교사가 교단을 떠나기로 약속했다.

이렇게 해서 학교는 학생들의 배울 권리를 충족해 주기로 한 것이다. 나는 학생들이 교사에게서 진실을 배울 수 없게 하는 교육 당국의 어떤 지시도 무효라 생각한다. 따라서 그러한 지시를 따르는 것이 도리어 교육의 정치적 중립을 규정한 헌법이나 교육 법규를 위반하는 셈이라 판단한 것이다. 애타게 바라던 공부를 하게 되자 어린 학생들은 기쁨을 억누르지 못해 함성을 터뜨렸다. 나라 사랑하는 마음도 눈에 보일 만큼 자라나고 있었다.

어느 날 외무 장관이 이 학교 병원에 입원했는데, 아이들이 그것을 알고는 교사한테 병문안을 가게 해 달라고 졸랐다. 물론 기꺼이 가라고 했다. 아이들은 장관에게 들꽃을 꺾어 만든 꽃다발도 주고, 동요도 불렀다. 그러고는 짧은 시간 동안 어린 국민이기는 하지만, 알 권리도 행사했다. 장관에게 정부가 하는 일을 물은 것이다. 자기들 의견도 곁들여서 말이다. 장관도 국회에서 답변할 때만큼이나 진지했다.

그로부터 한 달쯤 지난 어느 날, 이번에는 공교롭게도 야당의 당수가 입원했다. 물론, 학생들은 이번에도 교사와 함께 병문안을 가 꽃다발도 주고 동요도 불렀다. 그러고는 정책 질의도 벌였다. 야당 당수는 어린 국민에게 정중히 답변했다고 한다. 이렇게 해서 학생들은 그 나이에 알맞은 '나라의 주인 의식'을 길러 가고 있었다.

어린 학생들은 거의 날마다 한일국교정상화 문제를 놓고 의문이 적으면 짧게, 많으면 길게 공부했다. 여야의 생각을 담은 자료를 놓고 비판하며 배우고 있었다. 여야 두 쪽 다 애국 애족하고 있다는 것을 먼저 내세운 뒤에 말이다.

제 나라 일에 대한 저희들 의문을 풀어 가는 공부라서 그런지 열심히 하라고 말하지 않아도 알아서 했다. 도리어 교사가 쉬엄쉬엄하자고 말할 지경이었다. 국어, 역사, 정치, 경제, 사회, 문화, 과학. 한일국교정상화에 대한 것이면 어떤 공부든 열심히 했다.

교육을 지키기 위한 정치적 중립

한 학기가 얼마 남지 않은 어느 날이었다. 학생들이 학교 병원 안에서 숙직 간호사와 함께 텔레비전 저녁 뉴스를 보게 되었다. 아이들은 정부 시책을 반대하는 단식 농성을 닷새째 하면서 친구들이 떠다 주는 물조차 마다하는 대학생들 모습을 봤다. 아이들은 우선 곁에 있는 간호사한테 사람이 물도 마시지 않고 며칠을 굶으면 죽게 되는지 물어보았다. 그러고는 누가 쓰라 한 이도 없었건만 세 어린이가 잠자기 전에 편지를 쓴 다음, 날 새기를 기다렸다. 출근한 교사에게 그 편지를 곧장 대학생들에게 건네 달라고 부탁한 것이다. 단식 농성 하는 대학생들을 죽기 전에 살려야 한다면서.

그날 아침따라 나는 학부에 강의가 있어 내 연구실에 있었다. 그 교 사는 어린 학생들의 편지 세 통을 들고 나한테 와서는 단식 농성하는 대학생들한테 전해 주어도 좋겠느냐 물었다. 편지 세 통 모두 단식을 그만두라고 호소하고 있는데, 교사가 이것들을 대학생들한테 전해 준 다면 교사가 정치적 중립을 어기게 되지 않느냐고 묻는 것이었다.

나는 교사가 가지고 온 문제의 편지들을 읽어 보았다. 과연 그랬 다. 세 통 모두 단식을 그만두라고 호소하고 있었다. 그러나 그 까닭 은 저마다 달랐다.

죽지 않고 살아야 나라 일을 바로잡는 일을 할 수 있지 않겠냐는 내용의 편지가 있는가 하면, 정부가 잘하고 있는 일을 반대하다 굶어 죽는 것은 바보짓이라는 내용의 편지도 있었다. 나머지 한 통의 편지 에는 죽어서까지 꼭 해야 할 일은 이 세상에 없으니 단식을 그만두라 고 호소하는 내용이 담겨 있었다.

편지들을 다 읽고야 나는 교사의 물음에 답했다. 이 편지들을 전해 주는 것이 정치적 중립을 지키는 길이라고 했다. 까마귀 날자 배 떨 어지는 격으로, 대학은 때 아닌 방학에 들어갔고, 학생들의 단식 농 성도 중단되었다.

그때 나는 교육의 정치적 중립을 이렇게 생각했다. 정치적 중립을 지키라고 가르치는 교육이 아니라, 교육을 지키는 것이 정치적 중립이라고. 교육을 정치 도구로 삼아, 더럽혀질 대로 더럽혀진 것이 다름 아닌 교육의 역사이다. 그것 때문에 교육은 교육 아닌 것이 되고 말았던 것이다. 우리도 남들도 그랬다. 학생들에게 진실을 가르쳐 주자고 세운 것이 학교였다. 그런데 진실을 숨기거나 거짓을 가르치게 했던 정치권력이 동서양 할 것 없이 숱하게 있었던 것이다.

그래서 그런 짓 못하게 하자고 법으로 만들어 정한 것이 바로 교육의 정치적 중립인 것이다. 학교에 대해서 지키라는 중립이 아니라 권력에 대해서 보장하라는 중립인 것이다. 학교야, 그것을 세운 본래 뜻대로 학생들에게 진실만 가르치면 그게 바로 중립인 것이다. 여당이 진실이면 여당을, 야당이 진실이면 야당을 가르쳐야만 중립인 것이다. 어느 쪽이 거짓이면 그쪽을 가르치지 말아야 한다. 그러고는 다른 쪽 진실을 가르쳐야 무엇보다도 교육이 될 게 아닌가.

진실을 가르치지 않으면 그것은 교육이 아닌 것이다. 그것은 학생들한테 해를 끼칠 따름이다. 그때 나는 이렇게 생각해서 교육 당국의 지시를 내 책임 아래 어겼고, 교사로 하여금 제 나라 정치의 진실을 가르치게 했던 것이다. 학생의 알 권리를 충족해 주는 일은, 누구에게도 빼앗길 수 없는 교사의 기본권이라 생각했던 것이다.

하루는 난데없이 두툼한 편지 한 통이 이 병원 학교에 배달되었다. 앞서 단식했던 대학생이 지방에 있는 제 집에 가서 우리 어린이들한테 답장을 써 보낸 것이다. 답장을 받은 아이는 손에 받아 든 즉시 그 자리에서 선 채 읽어 내려갔다. 편지 내용이 어찌나 길었던지 자리를 정하여 앉아 계속 읽었다. 그 어린이는 꼭 시험지를 보듯 읽어 내려갔다. 굳은 표정으로 읽기 시작했지만 다 읽은 무렵엔 기쁜 표정으로 옆에 서 있던 제 또래에 넘겼다. 그 아이도 표정이 굳었다 풀어졌다 하며 편지를 다 읽은 뒤 옆에서 기다리고 있는 또 다른 동무한테 넘겼다. 뭐라고 써 보냈나, 나도 알고 싶은 마음이야 굴뚝같았지만, 제 마음 가는 대로 보여 줄 때를 기다릴 수밖에. 나는 교장실에 가서 내 일을 보기로 했다.

아이들이 편지를 손에 쥐고 들어온 것은 두서너 시간이나 족히 지나서였다. 나는 하던 일을 그만두고 편지부터 읽었다. 대학생과 초등학생 사이의 사사로운 일에 호기심이 있어서가 아니었다. 한일국교정상화라는 나랏일이었다. 좀 더 구체적으로는 사람 목숨의 뜻에 대한 문제를 사이에 두고 있었다. 나랏일과 그 나라 사람의 목숨, 이 문제 때문에 아이들이 편지를 보냈고, 이제는 대학생이 답장을 보낸 것이다.

어느 모로나 사사로운 내용의 편지가 아니다. 교장실에서 내가 하다 만 일이 내 일이듯, 편지 읽기도 내 일이었다. 더군다나 학교가 교육에서 금기가 되다시피 '한 나라의 정치적 현실'을 가르쳤기 때문에 어린 학생들은 배웠던 것이고, 대학생들에게 단식을 그만하라는 내용의 편지를 썼던 것이다.

나는 하던 일을 그만두고 편지의 답장을 읽고 있었다.

어린이와 대학생의 편지

나는 그토록 증오에 찬 편지를 처음 보았다. 일본에게 낮은 자세를 취하는 한국 정부와 일본의 거만한 태도를 나무라더니, 헐값으로 민족을 파는 정부에서부터 한국전쟁 뒷전에서 돈만 벌다가 이제는 우리의 고혈을 쥐어짜는 일본까지 모두 증오하고 있었다.

한국은 제 나라의 지도자들이 아니라 친일제 정치꾼들만 가득한 나라, 일본은 전쟁을 영원토록 포기해 버린 나라가 아니라 인면수심에 수전노 나라라며, 증오가 뒤끓고 있었다.

이제까지 대학생들이 발표한 선언문이니, 성명서니 수없이 보아 왔지만 이토록 한국과 일본 집권자들을 증오하는 글은 이번이 처음이었다. 물론 이 편지는 집단의 대외 의사표시는 아니다. 그렇다 하더라도 국민학교에 다니는 어린이한테 보낸 편지 치고는 너무하다는 생각이 들었다.

마지막 구절까지 다 읽고는 괘씸한 생각마저 들었다. 그 대학생은 제 또래도 아니고 어린이한테 편지를 보낸 거였다. 그것도 그냥 어린이가 아니라, 기나긴 시간 동안 입원해서 병을 치료받고 있는 어린이였다. 치료가 성공해 봤자 완전히 건강하게 회복되는 것도 아닌 환자였다. 그런데도 그 어린이는 제 목숨이 아닌 대학생의 목숨을 소중히 간직해 달라고 했다. 그런데 대학생의 답장에는 단 한마디가 없었다. 어린이 너도 참을성 있게 치료받고, 틈나는 대로 공부해서 네 목숨도 소중하게 가꾸라는 말 한마디가 없었다. 어린이가 옆에 선 채 편지를 되돌려 받으려고 기다리는 줄도 모르고, 나는 그 편지를 보낸 대학생 생각만 하고 있었다.

나한테 편지를 되돌려 받은 그 어린이는, 내가 묻기도 전에 아니, 부탁하기도 전에, 대학생한테 답장을 쓰고 나면 나한테도 보여 주겠다며 교장실을 나갔다. 혼자가 된 나는 도무지 일이 손에 잡히지 않았다. 어린이의 편지와 대학생의 답장, 이 두 통의 편지가 내 머리에서 떠나기는커녕, 계속 맴돌며 그에 얽힌 오만 다른 일들까지 보태졌다.

　이때 교장실 문을 두드리는 이가 있기에, 나는 그 어린이가 벌써 대학생에게 보내는 편지를 써 왔나 했다. 뜻밖에도 교사였다. 그 대학생 편지 때문에 어린이들 사이에 토론이 벌어졌는데, 나한테 물어볼 것이 생겼다는 것이다. 그렇지 않아도 극단적인 대치 상태에 빠져 있는 정부와 대학생들을 생각하고 있던 참이었다. 교사를 따라 나가 어린이들 사이에 끼어 앉았다.

　어린이들은 대학생의 편지 내용이, 바로 교수들이 가르친 것인지 물었다. 서슴없이 아니라고 했다. 그러자 아이들은 그럼 무엇을 가르쳤느냐고 묻는데 진땀을 빼고도 대답을 못했다. 아이들 옆에 와서 앉을 때에는 증인이 된 것 같은 마음이었는데, 질문을 받고 대답할 적에는 피고가 된 기분이었다. 솔직히 말하면, 어린이들 앞에 부끄러워 혼났다. 나라의 정치 현실을 교수가 안 가르쳤고, 그래서 대학생들은 혼자서 제멋대로 배울 수밖에 없었다. 편지를 보낸 대학생만이 아니라 모두가 그런 것이다.

　그런데 이보다 더 심각한 문제가 생겼다. 이제는 정말로 쥐구멍을 찾아야 할 지경이었다. 대학생이라면 모두 공부하러 대학 간 건데 어째서 데모만 하는 대학생들이 됐느냐, 교수들이 나랏일에 대해서 제

대로 할 말을 했다면 대학생들이 공부는 안 하고 데모만 했겠느냐 이렇게 묻는 것이었다. 이번에는 숫제 내 대답을 기다리지도 않았다. 어린이들은 말로야 예의 바르게 내가 토론에 함께해서 고맙다고 했지만, 나는 당장 나가라는 말처럼 느꼈다. 아니, 도망치듯 나왔다.

교장실로 돌아와 혼자 있는데, 나 보기가 부끄러웠다. 나라의 진실을 가르쳐 주려니 믿고 찾아온 학생들을 가르치지 않았으니 나는 배신자였다. 교수가 당연히 정부의 시책에 대한 정당한 비판을 해 주려니 믿고 찾아온 학생들인데, 꿀 먹은 벙어리가 되었으니 나는 이중의 배신자였다. 다른 사람은 몰라도 대학 교수는 학생들을 제 자식 다름없이 지켜 줄 것을 믿고, 정부 일을 비판하는 대열에 뛰어든 학생들을 도리어 퇴학이나 시키고 매를 맞든 옥에 갇히든 오불관이었으니 나는 삼중의 배신자였다. 국민학교 교장으로서 국민학생들에게는 몰라도 교수로서 대학생들에게는 분명 배신하고 있었다. 몸은 하나인데 마음은 쪼개져 있었다. 교수는커녕 사람 꼴도 아니었다.

나는 조용히 다짐하였다. 교장 노릇하듯, 교수 노릇 하리라고. 마음도 하나 되어 사람 꼴부터 되찾으리라고, 국민학생들에게 했듯, 대학생들에게도 진실을 가르치고 제 자식처럼 사랑하리라고. 무엇보다도, 제 정부에 바른말 하면서 대학생들은 공부만 할 수 있게 하리라고. 남들이 부끄럽지 않음은 물론이오, 이렇게 제 방에 혼자 있어도 저 부끄럽지 않게 살리라고.

교장실 가까이에서 어린이들이 떠드는 바람에 문득 시계를 보니 저녁 여섯 시를 가리키고 있었다. 학생들은 벌써 저녁 식사를 마친 것이다. 부랴부랴 책가방을 챙겨 교장실을 나섰다. 나를 본 어린이들이 아직도 있었냐는 듯 놀란 표정을 지었다. 그러고는 한 어린이가 앞을 막더니 제가 쓴 답장을 보고 가라는 것이 아닌가. 그 말을 듣고 보니, 내가 이제껏 그것을 기다리느라 죽치고 앉아 있다는 것을 깨달았다.

우선 편지 양부터가 대학생 편지 못지않았다. 첫머리 인사말도 진심이 엿보여서 좋았다. 단식을 그만두고 나서 건강이 어떠한지 꽤나 자세히 묻고 있었다. 의사나 간호원에게 물어보았던지, 손쉽게 몸조리하는 방법까지 일러 주었다. 대학생의 편지랑 너무 달랐다. '생명의 존엄'이라는 말은 어디에도 없었지만 그러한 생각이 여기저기 짙게 깔려 있었다.

본론에서는 놀랍게도 대학생의 의견에 맞섰다. 한일국교정상화에 찬동하고 있었다. 우리가 나라의 주인이니 우리 사회에, 우리 정부에 아직도 식민지 찌꺼기가 남아 있다면, 그건 주인인 우리가 뿌리 뽑아 없애 버리면 될 일이라고 주장했다. 일본이 아직도 상전의 심보를 안 버리고 있대도 걱정할 게 못 된다는 것이다. 종이 없으면 상전 노릇도 못 한다며, 이웃과 친하게 지내는 사람이 좋은 사람이듯, 이웃 나라와 친하게 지내야 좋은 나라라는 것이다. 옛날 잘못일랑 용서해 주자는 내용도 있었다.

그러고는 본론과는 관계없는 한마디를 더 보태고 있었다. 옛날 잘못으로야 한국전쟁 때 북한의 남침보다 더한 것이 없지만, 북한도 그것을 뉘우치면 용서해 주고, 동족끼리 친하게 지냈으면 좋겠다는 주장이었다. 뭐니 뭐니 해도 동족이나 이웃 나라를 미워하고 서로 싸우는 것은 그들을 사랑하고 친한 것만 못하다는 주장이었다. 편지를 끝맺는 말도 좋았다. 의견은 서로 달라도 자기는 그 대학생을 좋아한다고 말하고 있었다.

지금까지 특수학교 교장 시절, 교육 당국의 지시를 어기고 제 나라의 정치 현실을 가르치게 했던 얘기는 대충 말한 셈이다. 이로부터 꼭 한 해 뒤인가, 나는 대학 내 다른 부서에 보직 발령을 받았다. 하필이면, 대학생들의 데모 예방과 데모 주모자의 처벌이 주된 일처럼 돼 버린 학생처장직을 보게 되었다. 여기, 그때 받았던 두 통의 편지가 있다. 어린이들이 자기 학교를 떠난 나에게 여전히 교장이라고 부르며 띄운 편지들이다.

그런 사람을 국회의원으로 뽑아서 되겠어요?

교장 선생님, 안녕하세요? 안경은 끼셨지만 인자하시고 마음 좋으신 우리 교장 선생님 안녕하세요?

한여름의 뜨거운 햇볕이 쨍쨍 내리쬐니 오후엔 심신(心身, 오늘 배운 한자)이 수양 버드나무처럼 축축 늘어져요. 다른 사람은 다 그래도 교장 선생님께선 백양나무와 같이 꿋꿋하시리라고 선생님의 웃는 제자는 믿어요.

선생님, 대학교 언니 오빠들 때문에 걱정되시지요. 저, 웃는 제자도 선생님 마음 다 알 수 있어요. 선생님, 걱정일랑 다 소풍 보내시고 제 얘기를 좀 들어 보세요.

얼마 전에 선생님도 국회의원 선거를 하셨지요? 저희들은 민주주의의 선거 원칙을 배웠기 때문에 어느 당을 찍으셨냐고 여쭤 보진 않겠어요. 전, 아직 스무 살이 되지 않아 투표는 못했지만 가슴에 '모두 투표 합시다'라고 뚜렷이 써 붙이고 지냈어요.

선생님, 민주주의의 근본정신이란 누구나 다 소중한 생명을 갖고 있으면서 아무도 무시할 수 없는 인격을 가지고 있으므로 인권은 누구에게나 억눌릴 수 없을 뿐 아니라 함부로 남을 짓밟을 수도 없다는 생각이래요.

그런데 이번 선거에는 금전과 관권을 가지고 국민들의 인권을 짓밟았으니 그게 무슨 민주주의 정신을 가지고 선거를 한 거예요?

우리 나라도 4·19와 5·16의 교훈으로 민주주의 국가로 발전할 수 있는 길이 확고하게 넓혀졌는데, 이번 부정선거*로 말미암아 오히려 뒤로 물러가게 되었으니 공든 탑이 무너진 게 아니에요? 참 한심하지요. 또 이번 선거는 직접선거, 보통선거, 평등선거, 비밀선거. 다시 말해 네 가지 원칙을 다 어기고 선거를 한 셈이 됐어요.

대리투표에 무더기 표도 모자라, 유권자들한테 막걸리를 사 주면서 자기 당을 찍어 달라며 공무원들이 중립을 안 지켰다니 말이에요.

---

* **부정선거** 1967년 6월 8일 제7대 국회의원 총선거에서 일어난 부정. 공개투표, 대리투표, 올빼미표, 무더기 표, 환표 따위가 나왔다.

또 부정을 하면 어떻게 된다는 걸 다 아실 분들이 부정을 했으니 참 우스워요.

국회에서 하는 중요한 일은 법률 제정, 예산 결정, 결산 승인처럼 정부가 하는 일에 대하여 국민을 대표하여 동의하고 국정을 감사하고 시정하는 것인데, 그런 사람들이 국회의원이 되어서, 그런 사람들을 국회의원으로 뽑아서야 되겠어요?

무엇보다도 선거하는 유권자 한 사람 한 사람이 어느 쪽에도 끌리지 말고 진정으로 나라와 자기 지방을 위하여 일할 수 있는 사람이 누구인가를 잘 비판해서 선거하는 것이 중요하다고 절실히 느꼈어요.

그러자면 오늘 사회 시간에 배운 대로 모든 국민의 교양을 높이는 길을 마련해야 할 것 같아요. 그리고 부정을 한 분들도 지금쯤 무척 마음이 괴로울 테니 서로 용서해 주고 앞으로 잘해 나가야 되겠지요.

참 선생님께서 하실 일이 있거나 어디 가셔야 하는데, 저 때문에 늦지는 않으셨어요?

선생님의 거무스름한 얼굴에 함박꽃 같은 웃음을 띠워 주세요. 안녕히 계세요.

1967년 6월 16일 ○○○ 올림.

빌 소년의 요술 지팡이

교장 선생님 안녕하세요?

선생님, 선생님께서 걱정이 더 심해질까 봐 데모 얘기는 안 하려는데 자꾸만 눌러도 튀어나와서 조금만 쓰겠어요. 그저께 대학생 언니 오빠들에게 성토대회 하는 것까지는 승낙을 하셨다지요. 그런데 언니 오빠들은 선생님 말씀을 안 듣고 데모를 했다는 것, 저도 잘 알고 있어요.

대학생들이 옳은 일이라 믿고 데모를 하는데 말릴 수도 없고, 정부에서는 말리라고 야단인데, 그 가운데 계신 선생님께서는 언니 오빠들을 자식같이 생각하실 텐데 보고만 있을 수 없고, 정말 걱정이시겠어요.

선생님, 선생님의 걱정을 조금이나마 덜어 드릴 겸, 제가 요즘 읽은 '요술 지팡이'라는 동화를 얘기해 드리겠어요. 얘기 들으시기 전에 대학생 언니 오빠들에게 제 생각 좀 전해 주세요. 옳은 일을 위해서 용감하게 데모하는 것도 좋지만, 서로서로 다치지 않는 방법을 궁리해서 정정당당하게 의논해 결정하라고요. 그럼 얘기를 시작할게요.

영국 런던에 '빌'이라는 소년이 살고 있었어요. 그 소년은 영리하고 착했지요. 어느 날 빌은 산에서 요술 지팡이 하나를 얻게 되었어요. 그 지팡이는 전설처럼 내려오는 지팡이인데 옳지 않은 마음을 가지면 곧 사라져 버린대요. 그래서 빌은 그 지팡이를 옳은 일에만 올바른 마음을 갖고 쓰기로 결심했어요.

때가 왔나 봐요. 빌은 어느 날 다음과 같은 신문 기사를 읽었어요.

'쿠에인티' 나라의 임금님은 늙어서 국무총리인 '꾸노'한테 나랏일을 맡겼대요. 그랬더니 자기 신분을 깜박 잊고 기세등등해진 꾸노는 자기가 아주 임금이 되려고 흉계를 꾸몄더라나요. 그래서 정말 임금의 뒤를 이어야 할 영리한 '아나톨' 왕자를 죽이려고 한다는 기사였어요.

용감한 빌은 요술 지팡이의 힘으로 아나톨 왕자를 구해 내어 아나톨 왕자가 무사히 그 나라의 왕이 되게 했어요.

그런데 빌의 마음에도 탈이 생겼어요. 한 나라의 왕을 구했다는 생각을 하다가 차차 마음이 교만해진 것이었어요. 그러자 지팡이가 어디론지 사라져 버렸어요.

영리한 빌은 그제야 뉘우쳤어요. 그러고는 곧 열심히 배우기 시작했어요.

나 같으면 지팡이가 없어졌다고 오히려 화를 낼 텐데 빌은 지팡이가 사라져 버린 교훈을 마음 깊이 새겨 두었대요.

교장 선생님, 교만을 뉘우치고 열심히 공부한 빌은 착하지요. 비록 요술 지팡이는 사라졌지만 빌은 정말 용감해진 거예요. 그리고 국무총리 꾸노의 욕심처럼, 옳지 않은 권세는 길지 못한가 봐요.

잘 웃으시는 교장 선생님, 안녕히 계세요.

1967년 6월 16일 ○○○ 올림.

3장

우리 교육에
깔려 있는 병폐들

선생님 때문에 속상해 못 견디겠어

1

내 눈이 머리 위에도 붙었다면 얼마나 좋을까!

날마다 날마다 머리를 위로 쳐들지 않아도 윗학교를 쳐다보고 살 수 있을 테니까.

선생님은 내 눈이 앞에 붙어 있는데도, 글쎄 자꾸만 위에 있는 학교를 쳐다보고 살라시는 통에 속상해 못 견디겠어.

2

내 눈이 머리 뒤에도 붙었다면 얼마나 좋을까!

공부할 때마다 시간이 있을 때마다 머리를 뒤로 돌리지 않아도 뒷일을 돌아보고 살 수 있을 테니까.

선생님은 내 눈이 앞에 붙어 있는데도, 글쎄 자꾸만 뒷일을 돌아보고 살라시는 통에 속상해 못 견디겠어.

3

내 눈에 교과서와 공책만 보인다면 얼마나 좋을까!

살아가는 이 세상을 안 보려고 애쓰지 않아도 교과서와 공책으로만 살 수 있을 테니까.

내 눈엔 세상살이 모두 보이는데도, 선생님은 글쎄, 자꾸만 교과서와 공책만 보고 살라시는 통에 속상해 못 견디겠어.

4

내 속이 차라리 텅 비어 있으면 얼마나 좋을까!

선생님이 마구 부어 넣으시는 그 모두를 몽땅 받아 둘 수가 있을 테니까.

날 때부터 어딘가에 넘치게 마련인 내 속을 두고, 글쎄, 꼼짝 말고 받아만 두라시는 통에 속상해 못 견디겠어.

5

차라리 내가 마네킹이라면 얼마나 좋을까!

선생님이 색칠하고 입히는 데 따라 이리도 되고 저리도 될 테니까!

나한테도 타고난 힘이 있어서 그에 따라 남달리 자라고 있는데, 글쎄, 선생님 마음대로 하나같이 닮으라시는 통에 속상해 못 견디겠어.

6

내가 차라리 옛적 봉건귀족 아들이었으면 얼마나 좋을까!

제 힘으로 벌어먹고 남을 돕는 법을 배우지 않아도 될 테니까.

지금은 부려 먹을 종이 없고 서로 돕는 세상인데도 선생님은, 글쎄, 귀족 티를 내면서 부리는 법을 배우라시는 통에 속상해 못 견디겠어.

윗글에서 첫 번째는 진학 제일주의 교육에 시달리는 어린이 처지를 적어 본 것이다. 국민학교 어린이일 경우, 대학 입학 시험을 보려면 앞으로 6년 넘게 세월을 보내야만 하는데도 어디에 있는 어느 대학에 들어가라며 바람을 드러내는 부모나 교사가 적잖게 있는 것이다. 이래서 학생마저 지금 학교에 다니고 있는 까닭이 마치 좋은 대학에 들어가기 위해서인 것처럼 여기게 된 것이다. 그러다 보니 지금 그 어린이가 지난날보다 얼마나 건강하고 착하고 유능하게 되었느냐, 학교에서 배운 것과 그 어린이 삶이 얼마나 일치하고 있느냐 같은 것은 별 관심이 없을 때가 많은 것이다.

부모와 교사들 관심은 주로 그 학생이 내는 학과 성적이고, 성적 가운데서도 필기시험 성적에 있다. 따라서 학생조차 제 학급에서 성적이 몇 등이냐에만 관심을 가질 뿐, 자기가 어떤 사람이 되어 가고 있는지는 알려고 하지 않는 경향이 생겨난 것이다. 학교에 다녀 교육을 더 받으면 그렇지 못한 사람보다 마음씨가 더 착한 것도 아니요, 의롭게 살려는 의지가 더 굳센 것도 아니요, 신체와 정신이 더 건강한 것도 아니다. 다만 필기시험으로 잰 성적만이 더 좋다는 것뿐인데 그 지식마저 일상생활에 쓰이고 있는 것도 아닌지라, 곰곰이 생각해 보면 나라와 학생들 앞날에 이보다 더한 불행도 없는 것이다.

두 번째 글은 교육 내용에 있어서 옛것 위주에 시달리고 있는 학생 처지를 적어 본 것이다. 누구나 다 아는 바와 같이 조선왕조 5백 년 동안 해 온 교육은 유교에 바탕을 둔 것이었다. 유교 가운데서도 성리학을 중심으로 한 것이었는데 주자를 통해서 공자를 지나칠 만큼 강조한 나머지 교육 내용에 있어 '제 나라의 지금'은 저버린 채 '중국의 옛것'으로 가득 채우는 경향이 생기게 된 것이다. 그런데 일본이 한국을 침략한 뒤로도 교육 내용에서 옛것 숭상만큼은 옹호했다. 이러한 교육 정책은 대한민국 자유당 치하에서도 계승되었으니 참으로 기이한 노릇이다. 그때 있었던 정치, 경제, 사회 부조리를 은폐하려는 방편 가운데 하나로 학생들한테 제 나라 현실을 사실대로 가르치지 못하게 하였던 것이다.

더 말할 나위도 없이 어린이들은 현재에 살고 있으며 미래로 나아가고 있다. 지난 일을 가르쳐야 함은 그것이 지금 이 세상 삶에 의미가 있고 미래를 돕기 때문인 것이다. 옛 사회만을 가르치고 지금을 가르치지 아니한다면 본말과 주객이 뒤바뀐 것이 분명하다. 밝으면 밝은 대로 어두우면 어두운 대로, 진실을 가르쳐 주어야만 비로소 학생들은 지금을 좋은 미래로 재구성할 수 있는 능력을 갖추게 된다.

세 번째 글은 학교가 교과서 공부를 너무 강조한 나머지 사회에서 배우는 살아 있는 공부를 소홀히 하게 되는 경향을 적어 본 것이다. 가깝게는 대학 입시가 교과서 위주로 된 필기시험에만 쏠려 있는데다가 멀게는 유교에 나오는 사서오경 중심의 옛 전통에 뿌리박고 있다. 바로 이것이 교과서 중심 교육인 것이다.

이름만 바뀌어 옛 서당이 지금은 학교가 되고 옛 경전 대신 지금은 교과서여야 값진 것이라고 생각하게 되었다. 학교에서 교과서를 소홀히 다룬대서야 말도 안 되는 것이지만 그 자체가 학교 목적이 되어서는 안 된다. 목적은 '사람 가르치기'에 있다. 사회를 교실로 삼고 삶에서 생기는 문제를 교과서 삼아 학생을 가르쳐야 한다.

네 번째 글은 한국 교육에서 또 다른 폐단인 주입주의에 시달리는 학생 처지를 적은 것이다. 살아 있는 사람인 학생을 두고 물건을 간직해 두는 창고나 되는 것처럼 교사는 학생 머릿속에 주입하려 든다. 그러고는 월말, 학년 말이 되면 주입한 지식이 그대로 간직되어 있는지를 살피는 시험을 치르고 있다.

이런 식으로 주입된 지식이라고 해서 졸업 뒤에 그 모두를 완전히 잊어버리게 되는 것은 아닐 것이다. 그렇다 할지라도 간직되는 아주 적은 그 지식마저 실제 생활에서 실천하기까지 미치기는 어려운 것이니 이 얼마나 통탄할 일이냐 말이다. 학생도 사람인 바에야 삶에 목적을 지니고 있다. 교사는 학생으로 하여금 자기 목적을 바로 세우게끔 도와주고 그 목적을 이루는 데 꼭 있어야 할 지식과 기능과 태도를 스스로 습득하게 도와주어야 한다.

윗글에서 다섯 번째는 획일주의에 시달리는 학생들 처지를 적은 것이다. 어느 학교에서나 입학식과 졸업식을 하고는 있지만, 이 두 '식' 사이를 메워 온 교육 활동은 어떤 것이었나를 생각해 보자. 입학식을 치를 적에는 서로 다른 사람들이었는데 6년 또는 3년 동안 교육받은 끝에 치르는 졸업식에 서로 닮은 사람이 모여 있다 할 때, 그 학교 교육을 성공으로 보아야 할 것인가?

아닌 게 아니라, 우리 나라 학교들은 어제도 오늘도 이러한 생각을 바탕으로 교육 활동을 펴 왔다. 생각해 보면 학생 역시 지금을 사는 한국 사람인 까닭에 서로 다른 학생들한테 학교가 이러한 공통점을 지니게 하는 것은 너무도 당연하지만, 이는 어디까지나 학생들이란 서로 다른 존재임을 바탕으로 한다. 더 분명히 말한다면 남과 다른 점을 더욱 북돋아 주는 일에 힘쓰는 가운데 지니게 하는 공통점이어야만 하는 것이다. 모든 학생들은 학교에 더 다닐수록 남이 대신할 수 없는 자기가 되는 가운데에 지금을 사는 한국인으로서 공통점을 지니게 해야 한다.

따라서 존재라서 치르게 되는 것이 입학식이요, 정해진 햇수에 걸쳐 교육을 받은 끝에 이제는 그 정도만큼 남이 대신할 수 없는 존재가 되었기에 치르게 되는 것이 졸업식이어야 한다. '공통점 지니기'란 그것이 없이는 끝내 남이 대신할 수 없는 사회 존재가 될 수 없기 때문에 그만큼만 중요하다.

여섯 번째는 사회의 흐름에 뒤떨어진 학교교육에 깔린 지식주의를 개탄하는 것이다. 제힘으로 사회에 보탬이 되는 일을 함으로써 그 대가를 받아 살아갈 사람으로서가 아니라 부모 덕에 돈 쓰고 남을 부릴 사람으로서 이른바 귀족스러운 교양을 갖추게 하려는 생각이 교사와 부모한테 아직도 남아 있다.

현대 산업 기술 사회에서 자립하고 봉사할 사람이 되자고 스스로 깊이 생각하느라 속 썩고, 생각한 것을 스스로 이루느라 땀 흘리는 학생 생활이어야 한다. 학교교육을 받으면 받을수록 그 사람은 남과 사회를 돕기 위한 의욕과 능력을 갖추어야 하는 것이다.

$$\frac{1}{3} \times \frac{1}{3} \times \frac{1}{3}$$

오늘 우리들은 학교에서 $\frac{1}{3}$이라는 것을 배웠습니다. 3학년이 되던 날도 기뻤지만 $\frac{1}{3}$을 배운 오늘도 기뻤습니다. 어제까지만 해도 어른들이 말씀하시는 $\frac{1}{3}$이 무슨 뜻인지 모르고 있었는데 오늘 알게 되었습니다. 저는 오늘 배운 $\frac{1}{3}$을 써서 말씀드려 보겠습니다.

오늘 $\frac{1}{3}$을 가르쳐 주신 우리 선생님더러 $\frac{1}{3}$ 선생님이라고 해도 괜찮을지요? $\frac{1}{3}$을 우리 반 동무들 모두가 배운 것이 아니라 그 가운데 $\frac{1}{3}$만이 배웠으니까요. 나머지 동무들은 한눈팔고 있었냐고요? 아니에요. 그 동무들도 두 눈을 똑바로 뜨고 들었습니다. 그렇지만 $\frac{1}{3}$이 뭔지 못 알아듣는 동무가 알아들은 동무만큼이나 있었어요. 그리고 그 나머지 $\frac{1}{3}$쯤 되는 동무들도 선생님이 시킨 대로 잘 듣고는 있지만 이 동무들도 그 시간에 $\frac{1}{3}$을 배운 것은 아닙니다. 벌써 몇 달 전부터 $\frac{1}{3}$을 알고 있었지만 그저 똑바로 앉아 있었던 것뿐입니다. 그러니까 오늘 우리 선생님이 $\frac{1}{3}$을 정말 가르친 것은 우리 반 동무들의 $\frac{1}{3}$밖에 안 되는 것이지요. 이래서 우리 선생님을 ⅔ 선생님이라 불러 보는 것입니다.

⅔이라는 말을 써서 ⅔ 학교라고도 할 수 있겠습니까?

"사람이란 첫째 마음이 착해야 하고, 둘째 몸이 튼튼해야 한다. 머리만 좋아서는 안 되는 것이다."

오늘 아침 운동장에서 교장 선생님이 하신 말씀입니다. 그래서 저는 곰곰이 생각해 보았습니다.

저는 지금껏 선생님이 시키시는 대로 공부만을 해 왔습니다. 그래서 굉장히 똑똑해졌습니다. 그런데 마음은 착해진 것 같지 않고 몸도 튼튼해진 것 같지가 않습니다. 도리어 학교에 다니면서 심술꾸러기가 되었고 날씨가 조금만 이상해도 감기를 앓게 되었거든요. 말하자면 마음, 몸, 머리 세 가지 가운데 하나인 머리만 나아진 것입니다. 이래서 우리 학교를 ⅔ 학교라 불러 보는 것입니다.

이번에는 ⅔을 써서 ⅔ 교육을 말할 수도 있겠습니다. 우리 어린이들을 훌륭한 사람으로 키우는 일 말입니다. 그런데 우리 어린이들은 누구나 집에서 동네를 거쳐 학교엘 가고 다시 동네를 지나 집에 돌아옵니다. 우리 둘레는 가는 곳마다 달라지고 있습니다. 학교만 달라지는 것은 아닙니다. 우리들을 훌륭한 사람으로 키운다면서 그 일을 온통 학교에만 떠맡기고 동네와 집안에서는 아무도 우리를 거들떠보지 않습니다. 그래서 저는 ⅔ 교육이라는 말을 지어 본 것이지요.

오늘 난생처음으로 ⅔을 배웠대서 그것을 써 보고 싶기에 한 노릇이 ⅔ 교육이니, ⅔ 학교니, 심지어는 ⅔ 선생님이라고까지 하며 버롯없는 말씀을 드리게 되었습니다. 그러나 동네와 집이 학교와 손을 맞잡고 우리들을 교육해 주셔야 할 텐데 실제로는 그러지 않고 있습니다. 그리고 그 학교나마 마음과 몸을 머리에 못지않게 길러 주셔야 할 텐데 머리만 기르고 계십니다. 그러고는 또 머리만 기르는 일조차도 세 어린이 가운데 하나만 하고 계십니다. 그러고 보면 우리 어린이들은 배워야 할 모두의 '⅓의 ⅓의 ⅓'만 배우고 있는 셈입니다. 이것은 몇 분의 1이 되는지요? 저는 아직 배우지 않아서 모르겠습니다만.

사람이란 한 어머니에서 일란성 쌍둥이로 태어나고도 똑같지가 않다. 여섯 살이 되어서 국민학교에 입학할 즈음에는, 보통 열 명 가운데 적어도 두 명은 일곱 살, 다른 두 명은 다섯 살 난 어린이들과 발달 정도가 비슷하기 마련이다. 따라서 국민학교라면 어느 학교 어느 학급 교사도 실제로는 적어도 세 학년을 맡고 있는 셈이다. 그런데도 흔히 몇 명 안 되는 앞선 어린이와 뒤진 어린이들을 외면하고 더 많은 수의 어린이들에 치우친 교육 활동을 벌이고 있다.

경우에 따라서는 몇 명 안 되는 앞선 어린이들에 치우친 교육도 없지 않다. 더 말할 나위도 없이, 뒤진 어린이도 그리고 앞선 어린이도 저마다 수준에 맞는 교육을 받을 수 있어야 한다. 그러려면 교사 한 사람이 맡는 학생 수를 줄이고 어린이들을 가르치는 일 말고도 하고 있는 잡무를 없애 줄 필요가 있다. 제아무리 뛰어난 교사라 할지라도 맡은 학생 수가 50명을 넘는데다가 가르치는 일에 보태 잡무까지를 맡아 보아야 한다면 모든 학생 수준에 맞게 가르쳐 낼 도리가 없는 것이다.

사람은 그 밑으로 더 잘게 쪼갤 수 없는, 마지막 단위이다. 우리가 사람을 마음과 몸으로 떼어 생각할 수는 있지만 실제로는 몸 따로 마음 따로 놀지는 않는다. 그러므로 마음을 고치려고 몸을 놀려야 할 때도 있고, 몸을 튼튼히 하자니 마음을 바로잡아야 할 필요도 있는 것이다.

많은 사람들이 소중하게 여기는 '공부 잘하기'도 얼핏 보아서는 다른 일처럼 여겨지겠지만 몸을 튼튼히 하고 마음을 편안하게 가지는 것이 공부를 잘하는 데 지름길일 수도 있다. 그런데도 거의 모든 학생들이 '공부 잘하기'에만 치우친 채 마음과 몸이 올곧게 발달하는 길을 해칠 만큼 나쁜 환경 속에서 하루하루 지내고 있다.

사람은 언제, 어디서나 배우기 마련이다. 학생들이 학교 안에서만, 그리고 선생님 말씀만 듣고 배울 수 있다면 교육이 얼마나 쉬운 일이랴. 목적은 학생 교육이지만 그 목적을 이루기 위해서 교사가 가야 할 곳은 그 학생이 사는 집이요, 만나야 할 이는 그 학생의 어머니인 경우가 이래서 있는 것이다. 어머니의 생각과 행동이 달라져야만 그 학생을 제대로 가르칠 수 있는 경우가 있다. 또 얼른 보아서는 엉뚱한 일처럼 여겨지지만, 그 학생이 살고 있는 동네 어른들을 만나 뵙고 협력을 얻어 내야만 그 학생이 하는 행동을 바로잡을 수 있을 때도 있다.

세 가지 '지나친 병'

욕심꾸러기 제 동생 좀 보세요. 어제만 해도 자기 생일이라고 맛있는 것은 온통 저 혼자만 먹겠다는 것이에요. 글쎄 그게 말이나 됩니까? 물론 아버지도 어머니도 동생을 타이르셨지요. 그래도 동생은 막무가내였어요. 아니나 다를까 저녁때부터 심하게 설사하더니 밤새도록 배를 앓았답니다. 하도 자주 있는 일이라서 예사로 여길 정도니 그 몸인들 오죽하겠어요. 어린 나이에 삐쩍 마른 것이 정말 가엾어 못 보겠어요. 어서 동생의 나쁜 버릇을 고쳐 주어야겠어요.

저는 의사가 아니라서 잘 모르기는 하지만 제 동생은 세 가지 나쁜 생각을 하고 있는 것 같습니다. 첫째는 너무 단것만 먹으려는 생각이고, 둘째는 너무 많이 먹으려는 생각이고, 셋째는 너무 빨리 먹으려는 생각이에요. 어제만 해도 제 딴에는 싸우다시피 하면서 그 생각들을 고쳐 주려 했지만 도무지 곧이듣지 않는 동생인 걸 어떻게 하겠습니까? 아마도 아주 어릴 때부터 생긴 버릇이었나 봐요.

단것만을 너무 많이 너무 빨리 먹으려는 동생은 자주 설사하는 바람에 점점 말라 버렸지만, 이번에는 제 병에 대해 말씀을 드릴까 해요. 저도 설사를 하고 있느냐고요?

그렇습니다. 그런데 제 설사는 공부의 설사입니다. 소화가 되지 않은 채 제 마음을 괴롭히면서 스쳐 가기만 하는 공부입니다. 동생과 다른 것은 몸이 아닌 마음의 설사인 것뿐이지요. 동생한테는 음식물의 설사인데 저한테는 공부의 설사입니다. 동생은 단것만을 너무 많이, 빨리 먹는 통에 생기는 설사이지만 저는 어려운 것만을 너무 많이 너무 빨리 배우는 통에 생기는 설사입니다. 너무 어려운 것만 공부하고 있는 저랑 너무 단것만 먹는 동생이 어쩌면 그렇게도 닮았을까요.

제 동생이 너무 많이 먹듯이 저는 너무 많이 공부합니다. 날마다 엄청난 숙제를 받아 와서는 어김없이 해 가야 하니까요. 우리 선생님은 그래야 가만히 계시거든요. 그뿐만 아니라 음식을 빨리 먹는 동생과 공부를 빨리 해치우는 저와는 그야말로 똑같거든요. 이 모두는 제 동생이나 저나 여러 해 전부터 길러진 버릇입니다. 동생의 버릇은 부모가, 제 버릇은 선생님이 길러 주신 거지요.

선생님 말씀을 따라 공부를 하지만 다 소화하지도 못하고 설사하게 되니 이 일을 어찌하면 좋을지요. 그것도 저만 못나서 가르쳐 주시는 공부를 소화하지 못하고 흘려버리고 있다면 오히려 다행이라 생각합니다. 그렇지가 않으니 큰일이지요. 저는 우리 학교에서 공부 잘하기로 소문난 아이를 만나 어떻게 공부하는지 물어보았습니다.

그 대답은 정말 저를 놀라게 하였어요.

"시험 치를 때까지만 외워 두었다가 백점 맞으면 그만이지 그다음엔 모두 내버려야 또 새것을 외우잖아."

글쎄 이러는 것이었어요. 그러니까 공부는 음식물처럼 소화해서 그전보다 다른 사람이 되고자 하는 것이 아니라는 이야기지요. 다시 말하면 공부를 아무리 많이 해서 높은 시험 점수를 딴다 하더라도 그 사람은 그대로라는 말이 아닐까요? 그렇다면 제 동생이 음식을 먹어도 영양을 섭취하지 못하는 것이나, 제가 공부를 해도 마음이 날로 허약해지는 것이나 다를 바가 없지 않습니까? 음식을 소화하지 못하는 동생이 날로 허약해지는 것처럼, 저는 날이 갈수록 공부한 것과는 동떨어진 행실을 하는 못된 사람이 되어 가는 것이지요. 공부는 많이 했으면서 마음이나 행실은 공부 안 한 이들만도 못한 그런 사람 말입니다.

더도 말고 신문 한 장만 읽어 보세요. 거기에 실린 그릇된 행실들은 거의 모두 학교를 다닌 사람들이 한 짓이 아닌가요. 저나 제 동무들이나 그런 사람이 되어서는 안 될 텐데 말입니다.

학교를 졸업한 우리 국민 하나하나를 두고 보아도 다른 나라의 졸업생들보다도 공부한 것과 행실이 더욱 일치하지 않으며, 우리 나라의 졸업생 모두를 놓고 보더라도 공부를 덜한 사람들보다 나쁜 짓을 더 많이 하는 게 아닌가 생각합니다. 선생님들께서는 그러니까 어려운 것을 많이 배우는 거라고 말씀하시겠지만, 이에 대한 제 생각 좀 들어 보아 주세요.

우리 나라 어른들 모두 더도 말고 국민학교 4학년이 배운 것이나마 실천에 옮길 수만 있다면 우리 나라는 당장이라도 사람을 섬기며 평화를 사랑하는 민주주의 나라라는 소리를 듣게 될 거예요. "예끼, 이놈" 하고 걱정하셨을 줄로 압니다. 그러셔도 저는 제 생각을 굽히지 못하겠어요. 틈을 내서서 국민학교 4학년까지의 공부를 한 번이라도 훑어보아 주셔요. 그 속에는 사람을 섬기고 평화를 사랑하는 민주주의 나라를 이룩하고도 남을 만큼의 내용이 가득 차 있다고 생각합니다.

'공부 따로, 행실 따로'라면 그런 공부를 아무리 많이 시킨다 해도 사람을 업신여기고 서로 다투기를 좋아하는 나라를 벗어나지 못할 것입니다. 제아무리 어려운 것을 많이 그리고 빨리 가르쳐도 그 사람의 행동이 국민학교 4학년에도 미치지 못한다면 사람을 섬기고 평화를 사랑하는 민주주의 나라를 이룰 수가 있겠습니까?

무엇 하자는 공부인데 행동은 염두에 두지 않고 그야말로 헛힘만 쓰고 있는지, 정말 알다가도 모를 일입니다. 이제는 어른이라면 거의 학교에 다닌 사람들일 텐데, 그들이 공부한 것과는 상관없는 행실을 한다면 무엇인들 겉과 속이 같겠습니까? 경제인들이 자기 이익에 눈멀어 나라 이익을 따지겠습니까? 그래서 사회가 병들고 문화가 시드는 것이 아니겠습니까? 사람을 길러 내는 학교교육이 겉돌고만 있었으니까요. 어린이를 입학시켜 바르게 살게 해 보자 한 노릇이, 결국은 그것을 못 한 채 해마다 졸업생을 내보냈으니까요. 바로 그 사람들이 사회를 구성하고 문화를 이룹니다. 그런데도 사람을 섬기고 평화를 이룩할 수가 있겠습니까? 행동은 국민학교 4학년에도 미치지 못하는걸요.

저는 굳게 믿습니다. 우리 나라의 학교는 학생들 행동을 높여 주어야 한다고. 그리고 그 길은 우리 나라 학교가 세 가지 생각을 바로잡는 것이라고. 너무 어려운 것을 너무 많이 그리고 너무 빨리 가르치려는 생각 말입니다. 가르치는 것마다 학생 행동을 달라지게 할 수 있을 만큼만 낮추어, 애써 생각하면 '알 수 있는 것'으로, 그 분량을 '줄여서' '천천히' 가르쳐 주셔야 하겠습니다.

그래야 학생들 행동이 달라져서 좋은 사람이 되고, 좋은 사람들이어야만 사람을 섬기고 평화를 사랑하는 민주주의 나라를 만들어 낼 수 있다고 생각합니다. 제 동생들은 너무 단것만을 너무 많이 너무 빨리 먹는 통에 설사를 거듭하여 몸이 저토록 약해졌지만, 저는 너무 어려운 것을 너무 많이 너무 빨리 공부하는 바람에 이토록 공부한 것과 동떨어진 행동을 하는 못된 사람이 되어 가고 있습니다.

저는 이것을 '너무 어렵고, 너무 많고, 너무 빠른 것'이라 이름 지어 우리 나라 학교의 세 가지 '지나친 병'이라 부르렵니다. 저희들 딱한 사정을 굽어살펴 주세요.

조선왕조 5백 년 동안 우리 조상들은 공부라면 으레 한문이라 생각했고, 일제강점기 반세기 동안 우리 선배들은 일본말 배우는 것이 공부라 생각했었는데, 해방 뒤부터는 우리들한테 공부가 영어 배우기로 뒤바뀌게 되었다. 일본말과 영어가 우리 말이 아닌 것은 두말할 것도 없지만 한문도 따지고 보면 중국의 옛글이었던 것이다.

제 말을 두고 남의 말을 배우자니 그것도 제 말을 익힌 다음에 배우는 것도 아닌데 어려운 일일 수밖에 없었다. 그나마 배우는 것마다 그때그때 쓸 기회라도 있으면 배우느라 고생한 만큼 보람도 있었으련만 외국말 책을 놓은 다음부터의 생활은 그야말로 우리 말 세상이었던 것이다. 그런데도 어려운 외국말을 기를 쓰고 배운 까닭은, 외국말을 배워야 채용 시험에 통과할 수 있었고, 남들보다 잘살 수 있었기 때문이었다.

물론 시대마다 정치하는 사람들이 학생들의 행복을 바라서 외국말을 배우게 한 것은 아니었다. 처음부터 끝까지 자기들 스스로를 위해서 학생들한테 시킨 공부였던 것이다. 국민들이라고 그것을 몰랐던 것은 아니지만 잘사는 길이 그것뿐이었으니, 배우기 어렵고 하기 싫은 공부라고 안 할 수는 없었다. 해방 뒤 한문이나 일본말은 정치하는 사람들 편에 서서 국민을 속이고 억압하는 도구로 쓰였던 것이다. 시험에 통과해 채용만 되면 그날로 부귀영화가 따랐기에, 일상생활에서 쓸 일이 없어 이해하기가 어렵고 하기 싫은 공부라도 참을 수밖에 없었던 것이다.

그래서 어느덧 힘들지만 참고 해야 하는 것을 공부로 여기게 되었다. 뿐만 아니라 시험에 통과하면 그동안 어떤 공부를 했든, 권력과 권위를 좇는 것만이 모처럼 누리게 된 부귀를 빼앗기지 않는 길이었다. 시험에 통과한 이들도 그러니 떨어진 이들이야 더 말할 나위가 없었다. 이래서 우리 나라에서 '공부 따로 행실 따로'라는 나쁜 현상이 뿌리박게 되었다.

전국 초중고등학교 학생들의 공통된 소원은 대학 입학 시험에 합격하는 일이다. 전국 대학생들 치고 사법 고시와 행정 고시 합격을 부러워하지 않는 이가 없다. 국민학교에서부터 대학에 이르기까지 시험 준비가 곧 학교 공부의 모든 것으로 여겨지고 있는 것이다.

시험 성적으로 특권이 주어지고 부귀가 따르는 것은 예나 지금이나 크게 다를 바가 없다. 공부해서 시험에 합격하는 것이 문제이지 사람이 달라져서 올바로 사는 것은 문제가 아닌 것이다. 그렇기 때문에 시험에 날 것만 공부하게 되고 윤리나 도덕은 공부하려 들지 않는다.

윤리, 도덕도 시험에 나온다는 이가 있을 것이나 그에 대한 지식이 나오지, 실천 자체가 나오지는 않는다. 아니, 내서는 안 되는 것이다. 거짓말을 연습시키는 결과를 가져오기 때문이다. 시험에는 경쟁이 따르고 경쟁률이 높을수록 많은 이를 떨어뜨려야 하기 때문에 문제를 어렵고 까다롭게 낼 수밖에 없다. 사람은 누구한테도 빼앗길 수 없는 권리를 가지고 있고 그것을 공부할 필요가 있는 것인데, 시험을 주관하는 측에 따라 국민의 권리는 시험에 내지 않고 국민으로서의 의무만을 낼 수 있는 것이다. 그렇게 몇 해만 거듭하면 국민의 권리를 공부하는 응시자는 없어진다.

조선왕조 5백 년과 일제강점기 반세기에 걸쳐, 자라나는 세대들은 사람으로서의 올바른 삶과 무관한 것, 아니 권력이 원하는 것만을 공부해 왔다. 그것마저도 높은 경쟁률 때문에 어렵고 까다로운 것까지 공부할 수밖에 없었고, 일정한 기간 안에 봐야 하는 시험이었기 때문에 되도록 많은 공부를 빨리 할 수밖에 없었다. 그러한 전통이 겉모양만 달라졌을 뿐 해방 뒤에도 그대로 내려오게 된 것이다. 누군들 공부가 공부하는 사람의 삶과 이어지기를 바라지 않았으랴. 이제부터라도 공부하는 사람을 착하고 능력 있게 만드는 공부가 되게 하는 길은 없을까?

크나큰 이상에 대한 이론적인 이야기는 그만두고라도 현실로 가능한 것만 생각해 보자. 우선 대학 졸업자들한테 주어진 크고 작은 사회 특권을 모조리 없앤다. 대학 진학의 열기를 그만큼 낮추자는 것이다. 다음으로는 대학 정원을 크게 늘린다. 경쟁률을 그만큼 낮추자는 것이다. 그리고 대학 예비고사를 없앤다. 이 세 가지 일만 하면 우선 급한 대로 '너무 어렵고, 너무 많고, 너무 빨라서' 나라를 망치는 시험공부는 점점 적어질 것이다.

그러나 그렇다고 해서 공부가 자동으로 학생들을 착하고 능력 있는 사람으로 만들게 되는 것은 아니다. 시험공부를 덜 하는 것은 참다운 공부를 덜 방해할 뿐이다. 참다운 공부를 가능하게 만드는 조건들은 어떠한 것일까? 학생들 교육에만 마음을 기울이는 만큼 행정으로부터 인정을 받는 일이다. 승급도 승진도 학생을 얼마나 착하게 그리고 능력을 키우도록 살게 했느냐에 따라 결정하게 하는 일이다. 학생 교육에만 마음을 다했다는 것은 학생의 과거와 현재와 미래를 보아 무엇을 어디서부터 얼마만한 속도로 가르칠 것인가를 오직 선생님이 정하고도 마음이 편해야 한다는 말이다.

이를테면 지금은 중학교 2학년 수학 실력밖에 없는 학생들인데도 고등학교 1학년이면 고등학교 1학년 수학을 가르쳐야 교육행정부에서 잘못을 꾸짖지 않도록 되어 있다. 학생들이 알아듣지 못하는 줄을 알고도, 그해에 고1 수학을 뗄 수 있도록 그저 가르쳐 나가고 있다. 지금은 생명 존엄성을 꼭 배워 두어야 할 시기인데, 잡다한 여러 가지 어려운 일을 먼저 해야 할 처지이기에 시간이 없어서 가르치지 못할 때도 있다. 제 욕심을 채우기 위해서는 동무조차 해치기를 서슴지 않는 학생한테 인간을 도구처럼 쓰는 것이 얼마나 고약한 것인가를 가르쳐 주지 않은 채, 그보다 어려운 다른 것을 시간 내에 가르치려고 무던히도 애쓰고 있다.

오직 학생한테 필요한 것을, 학생 정도에 맞게, 학생이 알아들을 수 있는 속도로 가르칠 수 있어야 한다. 선생님 능력은 학생한테 가져다준 좋은 변화로만 판가름해야 하고, 학생 말고 다른 것은 제아무리 많이 변화시켰다 해도 선생님의 갈 길을 잃은 것으로 여겨야 한다.

교육계에 몸담고 있는 모든 사람은 선생님이 오직 학생 교육에만 온 마음을 기울이게 하기 위해서, 그리고 그 학생을 더 잘 교육하게끔 돕기 위해서만 있어야 한다. 학생이 있고 교사가 있어서, 그들을 돕게 하자는 행정 인사들이어야 하는 것이다. 학생을 위해서 무엇을 어느 정도로 어떤 속도로 가르쳐야 할 것인지를 가장 마지막으로 결정짓는 이는 바로 그들을 가르치고 있는 선생님이어야 한다. 주임도 교감도 교육감도 학생의 편에 서서 선생님을 돕는 이들이어야 한다.

점수 따기 교육이 낳은 파행성

이번 〈교육신보〉를 읽고 느끼는 점이 있어 선생님께 다시 이 엽서를 띄웁니다. 특히 관심을 기울여서 읽은 것은 3면에 머리기사로 실린, 학생들 참고서 선택 경향을 다룬 보도였습니다. 초, 중, 고 할 것 없이 모든 학생들이, 그 잘난 참고서를 살 때 깊이 있게 풀이해 놓은 건 제쳐 버린 채 월말시험, 기말시험, 연말 시험, 그리고 대학 입학 시험 문제를 알아맞히는 해답집만 사느라 혈안이 되어 있다는 보도였습니다.

그래도 참고서는 참고서인데, 교과서에 대한 밀도 있고 자세한 설명보다, 도리어 교과서를 간결하게 요약하고 곧바로 시험문제와 해답을 볼 수 있게 편집된 것만 눈독을 들여 사 보는 경향은, 3년 전에 대학별 입시가 폐지되고부터 거세어졌다는 기사였습니다.

선생님, 초중등학교 학생이라면 우리 나라 학생들 모두가 아니겠습니까? 나는 이들이 어른이 되어서 꾸며 놓을 우리 나라 꼴을 상상

하고는 등골이 오싹함을 느꼈습니다. 교과서야 학생 누구나 필수로 지닌다고 하지만 참고서야 없어도 그만인 것인데, 국민학생용 월간 학습지 월 판매량이 출판사 네 군데만 합쳐도 백만 부가 넘는다 하고, 그 가운데 한 학습지는 지난해와 견주어 매출이 30퍼센트 넘게 올랐다고 하니, 이러한 현상은 한마디로 충격이라 할 수밖에요.

내 기억이 잘못되지 않았다면 3년 전 정부가 대학별 입시를 없앴을 때 초중등학교 학생들 과외 공부도 금지시켰던 것이지요. 그때 이미 전국에 있는 초중등학교 학생들은, 아니 학부모와 학교 선생들까지도, 꼼짝없이 정부가 시행하는 대입 학력고사에서 점수 따기를 유일 무상한 표적으로 삼았던 것이지요.

그때 정부는 교육 정상화를 명분으로 내세웠지만, 콩나물시루 같은 과밀 학급은 그대로 두었습니다. 아니 그보다도 대입 학력고사를 교과서에서 출제한다는 구시대 잔재를 그대로 물려받았지요. 가장 놀라웠던 것은, 이것도 구시대 유물이지만, 학생들마다 엄격한 학력 차이가 있음에도 교사는 각 학년마다 정해진 교과서를 정해진 학기나 학년 내에 말끔히 떼야 한다는 것이었지요.

선생님, 학교 교사라면 누구나 경험하는 일이지만, 국민학교에서 중고등학교로 올라갈수록 학생들 사이에 학력 차가 두드러져서 고등학교쯤 되면 중학교 3학년 학력에도 못 미치는 학생들이 거의 반은 됩니다. 그 아이들한테 정해진 교과서를 정해진 속도로 가르치면서, "학생들, 모두 알았지요?" 하고 다음으로 넘어가는 것은 한마디로 '사기'나 다름없습니다. 그렇지만 선생님은 그저 부끄러울 따름인데다가 이제는 그것도 길들여졌다고나 할까, 아무것도 배운 것 없는 학생들까지도 "네." 소리로 답해서 선생님을 속여 넘기는, 참으로 웃지도 울지도 못할 기만에 찬 교실 풍토 말씀입니다.

교실에서 볼 수 있는 이것보다 더 심각한 구시대 잔재는 중고등학교 학생들이 제 나라와 제 사회 현실에 대한 관심을 외면해야 하는 바로 그 까닭에, 학생들이 극단 이기주의자로 전락해 버려서 자기 선생님까지도 우습게 여기는 풍토 말씀입니다.

선생님, 나는 시험 문제집을 달마다 출간해서 백만 부 넘게 매출을 올리는 출판사들을 나무라고 싶은 생각은 조금도 없습니다. 그 출판사들은 학생들과 그 부모들, 그리고 교사들조차도 목마르게 기다리는 출판물을 대어 주고 있으니, 어떻게 보면 고맙기까지도 합니다. 그러나 우리 나라와 겨레의 앞날은 캄캄하다는 것이 내 생각입니다. 그것을 밝게 하자면 학교교육을, 아니 학생들 교육을 정치 도구로 삼는 일에서 풀어 놓아야 한다고 생각합니다.

뭐니 뭐니 해도 아이들 교육은 교사들만큼 잘해 보려는, 잘할 수 있는 이들이 없다는 것이 내 생각입니다. 그것을 못 하게 한 제도들은 바로 조선왕조 때 과거라는 국가 통제 아래 있던 시험제도였고, 일제강점기 때 고등고시라는 권력 통제 아래 있던 시험제도였으며, 해방 뒤 민족 분단 시대인 지금 국가 통제 아래 있는 시험제도였지요.

민주적 정치권력은, 국민이 낸 세금을 써서 교사들 생활을 보장하고 교육 조건을 잘 차려 주면 그만입니다. 그래서 권력 대신에 우리 아이들을 눈 부비며 살펴서 사람 되게 가르치는 선생님이 되게 하면 그뿐입니다. 참고서를 살 때도 밀도 있고 자세한 설명보다, 도리어 교과서를 간결하게 요약하고 곧바로 시험문제와 그 해답을 볼 수 있게 편집된 책만 눈독을 보내며 사 보는 학생들 경향을 두고, 구시대 체제 아래 있던 교육 잔재 청산을 선언하는 교육정책이 아쉽다는 것이 내 생각입니다.

빗나가고 있는 교육열

　외국인들이 우리보고 칭찬하는 것 가운데 하나는 자녀에 대한 교육열입니다. 아닌 게 아니라 우리는 자녀 학비를 마련하기 위해서 살다시피 하고 있습니다. 농사를 지어야 먹고 살 수 있는데 논밭을 팔기도 하고, 밑천이 있어야 할 수 있는 장사인데도 그것을 줄이기까지 합니다. 그러고도 안 되면 빚이라도 얻어서 대는 것이 자녀 학비입니다.

　그렇게까지 해서 대는 학비의 대가로 우리 자녀들이 받고 있는 교육은 어떤 것입니까? 오로지 시험 점수 따내는 지식을 배울 뿐입니다. 날마다 아이들을 보내는 학교든, 학교 끝나고 가는 학원이든, 집에 돌아와서 만나는 과외 선생님이든 간에 우리 자녀들한테 가르치고 있는 것은 오직 시험에 나올 문제와 해답뿐입니다.

　그런데 우리가 이런 줄 모르고 학비를 대 주고 있는 건 결코 아닙니다. 도리어 몇 해 뒤에 있을 입학시험에 합격시켜 달라고 대 주는 학비입니다. 그러하건만, 우리 자녀 모두가 대학에 진학할 수 있는 것도 아닙니다. 엄청난 학비를 들여서 한 그 시험공부마저 허사가 되기 쉬운 것입니다. 사람 되기는 안 배웠으니 안 된 채로, 대학 입학 시험에 떨어졌으니 곧바로 사회에 나올 수밖에 없는 것입니다.

하기야 대학 입학 시험에 합격해도, 취직 시험에 나올 것만 배운다면 사람이 안 된 채로 사회에 나오게 되는 건 매양 한가지입니다. 생각하면, 이보다 더 기막힌 일도 없지 않나 싶습니다. 학비를 더 대서 대학에 보낼수록 그 졸업생들은 더욱 많은 지식을 갖고 사람도 아닌 짓을 예사로 하게 될 것이기 때문입니다. 아니, 우리들은 지금 날마다 그러한 사례를 수없이 당하고 있는 것입니다. 돈이 많고 권세까지 지녔는데도 가난하고 약한 사람만 보면 교묘한 술수로 착취하고 무지막지하게 억압하는 사람들, 그이들은 학교를 다녀도 많이 다닌 사람들입니다.

이러한 약육강식은 짐승들이나 할 짓입니다. 짐승이나 할 짓이 예사로 되풀이되는 사회에서는 분명 아무도 사람답게 살 수 없습니다. 우리는 자녀 학비를 대 주는 일에 열을 올리기에 앞서 시험 준비 위주로 된 교육제도를 본바탕부터 뜯어고치는 일에 열을 올려야 하지 않을까 생각합니다. 우리 자녀를 사람되게 하는 학교가 될 수 있도록 말입니다.

그 길은 무엇이겠습니까? 저는 학생들이 사람답게 오늘을 살게끔 모든 여건을 마련해 주는 것이라고 생각합니다. 우선 어른인 우리들부터 약육강식을 중단할 일입니다. 가진 것 없고 힘도 약한 다른 집 아이들을 우리 어른들 모두가 존중해야 합니다.

사람도 아니었던 일제강점기 때 정치인들이야 힘으로 아이들을 부렸고, 선생도 아니었던 일제강점기 때 선생들이야 어용 국민생을 만드는 수단으로 시험 준비 위주로 교육을 했습니다. 일제한테 해방된 지도 30년이 넘은 우리입니다. 우리는 돈벌이 공장보다야 아이들 학교에 국민들 돈인 나라 예산을 더 써서 아이들이 적어도 콩나물 신세는 벗어나게 해 주어야 옳다고 생각합니다.

지금은 민주주의 나라라서 이름도 대한민국인데, 우리 아이들이 나라의 주인이 되는 데 필요한 것이면 무엇이나 고루 배울 수 있을 만큼 학교를 만들어 주어야만 아이들 앞에 떳떳한 우리 어른들이라 생각합니다.

학생다움과 사람다움

선생님, 죄송합니다. 날마다 학생다워지라 하시는데도 저는 늘 선생님의 눈에 거슬리고만 있으니 참으로 죄송합니다.

선생님 말씀마따나 저는 정말 이름만 학생입니다. 몸만 학교에 오가고 있지, 학생답게 생활하지 않고 있습니다. 선생님 앞에서만 그 말씀을 듣는 척하지 그 눈에서 벗어나면 학생답지 않게 살아가고 있습니다.

무엇보다도 공부를 열심히 해야 학생다운 것인데 저는 그보다도 놀기를 좋아하는 통에 선생님의 걱정을 줄곧 듣고 있습니다. 저라고 왜 선생님의 칭찬을 듣고 싶지 않겠습니까? 공부를 열심히 하겠다는 결심은 백번은 더 했습니다만 그때마다 사흘도 못 가서 그만두고 마는 저입니다. 선생님은 저더러 마음이 약하다고 나무라십니다. 물론 제 마음이 강하면 며칠은 놀지 않고 공부할 수 있겠지요. 그러나 제가 선생님이 하라는 공부보다 하지 말라는 놀기를 더 좋아하는 건

반드시 제 마음이 약해서만은 아닙니다.

저라고 공부를 아예 안 하는 것은 아니지 않습니까? 제 마음에 드는 것을 공부하라 하실 때에는 신바람이 나서 공부합니다. 그런 공부보다 제 마음에 들지 않는 공부가 더 많으니 제 마음을 꺾고 나서야 공부할 수 있게 됩니다. 그런데 꺾을 수 없어서 공부를 못 하게 되는 것입니다.

그래도 선생님은 제 마음을 꺾으라고 하시겠지요. 제 마음 따위 어리석고 못난 것이니 아까워하지 말라 하시겠지요. 그런데 아무리 못나도 제 마음이어서 꺾기 아까운 판에 제 생각을 몇 차례나 고쳐 보아도 제 마음이 자랑스러울 만큼 잘난 걸 어떻게 합니까?

선생님, 저는 하루를 살아도 제가 저의 주인이 되어 살고자 합니다. 사람답게 말입니다. 주인이 따로 있는 집짐승과는 달리 말입니다. 선생님이기 때문에 저를 위해 공부하라고 하신 줄 잘 알고 있습니다. 그러나 아무리 생각해 봐도 저한테 소용없는 공부보다는 이다음에라도 저한테 쓸모 있는 공부를 하고 싶습니다. 저는 제 생각이 옳다고 여깁니다. 저한테는 쓸모없는 것인데 선생님이 시킨다고 덮어놓고 그대로 하면 제가 저의 주인이 될 수 없습니다. 사람다운 사람이 될 수 없다는 말씀입니다.

선생님, 저한테 쓸모 있는 걸 공부하게 해 주세요. 아무리 고쳐 생각해 봐도 지금은 물론 이다음에도 무엇에 어떻게 쓰일지 모르는 것이 너무나 많습니다. 저는 물론 무식합니다. 그래서 쓸모 있는 줄 모르고 지나치는지도 모릅니다. 공부를 시키실 적에는 그것이 어떻게 쓰일지 먼저 가르쳐 주세요. 저도 신 나게 공부하고 싶습니다. 제가 할 공부를 스스로 정해서, 제가 저의 주인이 되어 사람답게 살면서도 선생님한테 학생답다는 칭찬까지 들을 수 있게끔 말입니다.

선생님은 동무들과 놀기 좋아하는 저를 두고 학생답지 않다고 나무라십니다. 선생님 칭찬을 듣고 싶어서 놀지 않으려고 애도 써 보았습니다.

그러나 사흘이 못 가서 동무들한테 뛰어들게 되는 걸 어떻게 합니까? 놀 때만큼 신 나는 때가 없는 저입니다. 아니, 그보다도 놀고 난 다음만큼 보람을 느낀 적이 없는 걸 어떻게 합니까? 물론 동무들과 놀고 있으면서도 신 나지 않고, 놀고 난 다음에도 시시하게 느껴지는 적도 있습니다. 그래도 그런 적이 많지 않아 다행입니다.

선생님, 놀 때 신이 나고 논 다음에는 보람을 느끼기 때문에 놀기를 좋아하는 제가 무슨 잘못이 있는지 가르쳐 주십시오. 그뿐만이 아닙니다. 제가 신 나는 것처럼 함께 노는 동무들도 마찬가지입니다. 저만 논 다음에 보람을 느끼는 게 아닙니다.

저는 행복의 뜻이 바로 이것이라고 생각합니다. 저는 노는 가운데 동무들과 함께 행복한 나날을 보내고 있습니다. 불행한 날이 있다면 놀지 못했거나 놀아도 시시하게 놀았던 날뿐입니다.

선생님도 저희더러 아예 놀지 말라 하시지는 않으셨습니다. 조금 덜 놀라고 하는 줄을 잘 알고 있습니다. 그러나 선생님, 제 마음이 지난해보다 올해에, 지난달보다 이달에 더 착해졌다면, 그것은 바로 동무들과 신 나게 놀아서라고 생각합니다. 마음만이 아니라 몸도 튼튼해졌습니다. 그새 동무들과 놀지 않고도 제 몸이 이렇게 튼튼해졌을까요? 머리도 좋아졌습니다. 아, 얼마나 머리 써서 놀았던지요. 써야 좋아지는 머리라고 들었습니다. 아직도 마음이 덜 착하고 몸이 덜 튼튼하고 머리가 덜 번뜩인다면 아직도 잘 놀 줄 모르기 때문이라고 생각합니다.

저희들이 좋은 몸과 마음과 머리를 지니게 되는 것이 선생님의 바람이라고 들었습니다. 아무리 고쳐 생각해 봐도 저는 동무들과 놀아야만 지금도 행복하고, 이다음에도 사람다운 사람이 될 것이라 생각됩니다.

선생님, 논다고 걱정만 마시고 잘 노는 법을 더 많이 가르쳐 주세요. 제 몸과 제 마음과 제 머리를 좋게 하면서도, 한마디로 사람답게 자라면서도 선생님한테 학생답다는 칭찬까지 들을 수 있게 말입니다.

선생님, 저한테는 '공부와 놀기' 못지않게 중요한 문제가 있습니다. 제 생각에는 제가 사람답게 커 가고 있는 증거라 생각되어서 자랑스럽기까지 한데, 선생님께서는 도리어 학생답지 않게 되어 가는 증거로 보셔서 저는 꾸중만 듣고 있습니다.

저보다 공부를 못하던 제 동무가 더 잘하게 되면, 저처럼 자주 꾸중 듣던 제 동무가 상이라도 받게 되면 반가워하고 기뻐하게 되었습니다. 글쎄, 그런 저를 놓고 남과의 경쟁에 이기겠다는 마음이 부족하다고 하여 학생답지 않다고 하시니 제 마음은 그저 괴롭기만 합니다.

공부를 잘하다 어느 날부터 못하게 된 동무가 생기면, 우등상장을 맡아 놓고 받다가 이번에 못 받은 동무라도 생기면, 다가가서 그 동무의 손을 잡게 된 저입니다. 위로해 주려고 말입니다. 여러 해 전에는 그러지 않았는데 해마다 조금씩 이렇게 바뀐 저를 두고, 못하게 되는 동무가 있어야만 제가 잘되는 줄을 아직도 모른다며, 경쟁에 뒤처지기에 알맞은 바보 학생이라고 말씀하시니 마음이 그저 답답할 뿐입니다.

1, 2학년 때만 해도 시험 점수 일등이 사람 일등으로 알았던 제가 해마다 달라져서 이제는 시험 점수 꼴찌이고도 사람으로는 일등일 수도 있다는 것까지 알게 되었습니다. 시험 점수를 무시한다는 것이 아니라 그만큼 사람됨을 중요하게 여기게 된 것입니다.

저는 이런 저를 자랑스럽게 생각하는데, 글쎄 선생님들은 시험 점수로만 따져서 저를 차별하십니다. 사람됨으로 사람을 보게 된 제가, 그래서 '점수 따기'보다 '사람 되기'를 애쓰게 된 제가 도리어 학생답지 않다고 하십니다.

지지난해까지만 해도 남들을 닮지 못해서, 특히 선생님을 닮지 못해서 안달하던 저였습니다. 그러나 그 뒤로는 남들과 닮지 않으려고, 선생님이 하라는 공부 말고 다른 공부를 하게 되었습니다. 남들과 같은 사람일 때의 저는 없어도 그만입니다. 남이 저를 대신할 수 있을 테니까요. 제가 선생님을 닮으려 할 때 저는 고작 선생님처럼 될 수밖에 없습니다.

선생님이 못났다는 게 아닙니다. 선생님보다는 나은 사람 되라는 것이 저한테 거는 선생님의 소원인 줄 압니다. 없어도 그만인 사람이 아니라, 꼭 있어야 할 사람이 되고자 하는 저입니다. 그래서 남들 모두 하는 시험공부가 아닌 공부를 하게 된 저입니다. 그런데 학생답지 않다고 꾸중하시니 저는 그저 앞이 캄캄할 따름입니다.

몇 해 전까지만 해도 어른들 세상이 이렇게 패싸움이 심한 줄 몰랐습니다. 어른들이 그렇게까지 우리 학생들을 자기네들 패싸움에 이용하는 줄 미처 몰랐습니다. 학생들을 자기편으로 만들려고 거짓을 참인 양 꾸며 알리고, 있는데도 없는 것처럼 감추는 줄을 미처 몰랐습니다.

하지만 그걸 알고 나서부터 이제는 어른들 패싸움에 편들지 않기로 마음먹었습니다. 이용당하지 않기로 말입니다. 싸움만 해도 나쁜 짓인데 왜 부채질까지 하겠습니까? 사람을 섬기는 일이 아닌데, 왜 이용까지 당하겠습니까?

이제 저는 이다음에 이 세상의 주인 될 때를 준비하렵니다. 적어도 지금 어른들처럼 패싸움을 하지 않는 세상, 적어도 지금 어른들보다는 사람을 섬기는 세상을 만들기 위한 준비 말입니다.

우선 우리 학생들끼리라도 서로 싸우지 않을 것입니다. 강한 것이 약한 것을 잡아먹는 것은 사람이 아니라 짐승이라 배웠습니다. 이제 저는 사람을 힘으로 쓰러뜨리지 않고, 도리어 정성껏 섬기는 사람이 되자고 마음먹게 되었습니다.

선생님, 선생님도 어른이십니다. 만약 선생님 편이 옳다 하더라도 선생님들만 싸우십시오. 우리 학생들을 끌어들이지는 말아 주세요. 저희들에게는 평화만 가르쳐 주세요. 사람을 쓰러뜨리는 것이 아니라 섬기는 것을 가르쳐 주세요. 그렇게 해서 사람답게 자라나는 학생이 되게 이끌어 주십시오. 진짜로 학생다운 학생이 되게끔 말입니다.

조선왕조 5백 년 동안 내려온 교육을 생각해 보자. '과거'라는 공무원 임용을 위한 국가고시를 마련해 놓고 성리학파 일색의 출제 관리 체제를 굳혔다. 급제해서 벼슬하면 그날부터 부귀영화를 누리게 했다. 그나마 벼슬길 말고는 다른 부귀영화의 길이 없었던 것이다. 학생들이라야 양반집 아들뿐이었고, 공부는 곧 과거를 준비하는 것뿐이었다. 시험에 날 것만 출제자의 뜻을 따라 외워야 했다. 조선왕조 시대의 학생들은 5백 년 사이에 걸쳐 이 짓만 되풀이했던 것이다.

이는 물론 조선왕조의 교육정책 탓이었다. 당시의 권력이 유교를, 그 가운데서도 성리학파를 택했던 것이다. 그리고 그 까닭은 변하지 않는 것을 미덕으로 삼았기 때문이다. 변화를 악덕으로 삼는 성리학파로 청소년들을 세뇌하려 했던 것이다. 5백 년 동안 오직 왕조의 유지를 위해 그야말로 교육을 정치도구로 삼은 것이다. 교육 체제가 학생들의 생각을 온통 하나로 통제했던 것이다.

일제강점기 교육정책을 생각해 보자. 우선 교육의 기회를 몹시 제한했었다. 그러나 고등고시의 길만은 아주 막지 않았다. 적은 수이기는 하지만 합격자도 냈고 사법과 행정에 등용했다. 그 시대에 부귀영화를 누릴 수 있는 길이란 고작 이것이었다. 아니, 총독 당국이 그리 만든 것이었다.

학생들이라야 있는 집 자녀들뿐이었지만 공부는 곧 고시 준비였다. 출제자의 뜻을 따라 고시에 날 것만 외워야 했다. 일제강점기 때 학생들은 반세기에 걸쳐 이 짓만 되풀이했다. 일제는 청소년들에게 천황의 신격을 믿게 하려 했다. 반세기 동안 권력의 유지를 위해서 그야말로 교육을 정치하는 도구로 삼았다. 교육 체제가 학생들의 생각을 온통 사로잡은 것이다.

지금은 조선왕조 시대가 아니다. 물론 일제강점기도 아니다. 양반이 따로 없고 가난해도 교육을 받고 있다. 고등고시 합격 말고도 부귀영화를 누리는 길은 얼마든지 열려 있다. 그러나 아직도 대학 관문이 남아 있다. 대학을 나오지 않고서 사람대접 받는 건 낙타가 바늘구멍 지나는 만큼이나 어렵다. 그래서 지금 학생들은 대학을 나오려고 학교를 다니고 있는 것이다.

대학을 나오려면 대학에 들어가야 하는데, 우선 대학 입학시험이라는 국가고시부터 합격해야 한다. 합격률이 높은 도시의 고등학교로 가서 시험에 날 것만 골라서 정답을 외워야 한다. 도시의 고등학교에 가려면 도시에 있는 중학교를 다녀야 하고 그러자니 도시에 있는 국민학교를 다녀야 한다. 오로지 시험을 치르기 위한 공부를 하려고 다니는 것이다.

학생들의 공부가 학생들의 지금과 미래에 사람답게 살기 위한 것이 아닌 점에 있어서는 예나 지금이나 다름없다. 바르게 사는 데 도움이 안 되는 공부를 너무 많이 시키는 점에서도 다를 바 없다. 어린이의 마음씨와 사회성과 정서와 머리를 고루 발달시키는 데 놀이만큼 효과적인 것도 없으련만, 시험에 나지 않으니까 막고 있는 점에서도 예나 지금이나 같다.

시험이 있는 데 경쟁이 있게 마련이고, 시험에 떨어지느냐 붙느냐
가 자기 생애에 가장 큰 의미가 되었다. 남의 실패를 고대하고 성공
을 시기하는, 한걸음 나아가 내가 성공하기 위해 남을 짓밟는 약육강
식의 야수적 인간이 되어 가고 있는 점도 예나 지금이나 마찬가지다.
말로만 착한 사람 되라 가르치고, 실제로는 못되게 산다면 시험지 위
에다 써 놓는 착함에 그치는 것이 아니겠는가.

말로야 사람을 섬기는 사람다운 사람이 되라 가르치지만 실제로
는 학생들이 섬김을 받지 못하고 살아가고 있으니, 사람을 이용하려
는 사람이 되어 가고 있다. 말로야 평화를 사랑하라 가르치고 있지만
실제로는 싸움판에서 살아가고 있어 싸움을 좋아하는 사람이 되어
가고 있다.

이 모두가 대학을 나와야만 사람대접을 하는 사회 탓이요, 대학 입
학을 종이 위의 시험 성적으로 정하는 탓이요, 그 시험 준비가 곧 모
든 공부라고 되어 있는 탓이요, 그 공부를 안 하려야 안 할 수 없이
만드는 탓이다.

교육 없는 학력 평가

문교부*에서 전국 교육감들한테 각급 학교 학생들 학력을 높이는 일을 학교장이 책임지고 추진하라고 지시했다고 합니다.

더 말할 나위도 없이, 학생들 학력 수준이 낮아 있대서 그것을 높이라는 지시요, 교장한테 그 책임을 지우겠다는 으름장입니다.

그런데 문제는 어떤 방법으로 학력을 평가해서 어떻게 학교장 잘못을 물을 것이냐에 있습니다. 만에 하나라도, 저 악명 높은 일제고사 제도를 다시 쓰는 날에는, 그리고 학교끼리 그 결과를 비교해서 학교장을 좌천이라도 시킬 양이면, 이는 온 나라 어린 학생들을 또다시 산지옥으로 몰아넣는 끔찍한 결과를 가져오지 않을지 걱정됩니다. 어느 교장이라도 이제는 교사들한테 책임을 지우고, 일제고사에

---

* **문교부** 교육, 과학에 관한 업무와 교과용 도서에 관한 사무를 맡아보던 중앙행정기관으로, 1990년 교육부로 바뀌었다.

날 것만 가르치게 할 것입니다.

정작 가르쳐야 할 것인데도 시험문제로 답을 낼 수 없는 것이라서 가르치지 않는 그런 선생은 선생도 아닙니다. 모든 교장이 일제고사 성적을 비교해서 교사 능력을 평가하는 날에는 어느 교사라도 아이들 사람됨이야 어떻든 그저 시험 점수만 잘 따면 추켜올리게 될 것입니다. 아무리 점수를 잘 따더라도 사람이 못 된 학생은 호되게 꾸짖어야 하는데 말입니다.

우리는 정신을 차려서, 학생들 학력이 어째서 떨어졌는지를 생각해 보고 그 까닭을 없애는 데 힘을 모아야 할 것입니다. 첫째는 학력 수준이 크게 다른 학생들을 너무 많이 한 학급에 앉혀 놓았기 때문입니다. 아무리 뛰어난 선생님이라도 학생의 ⅓은 가르치지 못하고 넘어갈 수밖에 없는 실정입니다. 분명 못 배워서 떨어지고 있는 학력인 것이지요. 사람이 낳은 아들딸은 물만 주면 크는 콩나물과는 다릅니다. 콩나물 교실부터 없애야 학생들 학력도 높일 수 있습니다. 이는 교사 한 명이 아니라 문교부에서 할 일입니다.

둘째 까닭은 선생님들이 교육이 아닌 잡무에 시달리고 있기 때문입니다. 아무리 뛰어난 선생님이라도 잡무를 보는 동안은 학생들을 교육하지 못합니다. 교육받지 못해서 떨어지고 있는 학력이 분명합니다. 아이들 교육하라고 있는 선생인데 잡무를 없애야 학생들 학력도 높일 수 있습니다. 이도 선생님 한 명이 아닌, 문교부가 할 일입니다. 학생들 학력이 떨어진 마지막이자 가장 바탕이 되는 까닭은 선생님과 학생이 서로 믿지 않는 사이가 되었기 때문입니다.

학생을 사랑하지 않고는 진짜 교육을 할 수 없는 것이 선생님이고, 선생님을 존경하지 않고는 진짜로 배울 수 없는 것이 학생입니다. 선생님과 학생들 사이가 이토록 멀어진 까닭을 없애야만, 학부모도 문교 당국도 그 사이를 붙여 주는 일을 서둘러야만, 교육이든 학습이든 되기 시작할 것입니다.

학부모들이 학교를 험담하고 문교부가 계속 으름장만 놓는다면, 학생들 학력은 떨어지게 마련입니다. 우리 아들딸을 해치려고 교단에 선 선생은 이 세상에 없다는 것을 믿고, 우리들도, 정부도, 그저 학교 교육 조건이 나아지는 것에만 힘을 쏟아야 우리 학생들 모두가 옳은 교육을 받을 수 있습니다. 그래야 학생들 학력도 높아질 것입니다.

우리 선생님들의 성질

이번에는 참 좋은 선생님이 가르쳐 주십니다. 얼마나 좋은지 모르겠어요. 5학년이 된 지도 벌써 한 학기가 지났군요.

그런데 우리 선생님 좀 보셔요. 그동안 단 한 번도 짜증을 내지 않으셨으니 말입니다. 말이야 바른 말이지 우리들 가운데 별의별 아이들이 다 있거든요. 그런데도 우리 선생님은 늘 상냥한 얼굴이니 말이에요.

학생이 제 선생님 흉을 보는 것 같아서 말이 잘 나오지 않습니다만, 지난해는 정말로 마음 놓고 단 하루도 지낼 수가 없었습니다. 선생님이 숙제를 많이 내주셔서가 아닙니다. 그저 짜증만 내시는 통에 저희들은 선생님 눈치만 살피다가 한 해를 다 보낸 것 같습니다.

'이렇게 하면 좋아하시겠지' 생각하고 한 노릇이 도리어 선생님을 짜증나게 해서 제 몸 하나를 어디에 두어야 할지 몰랐습니다.

3학년 때 선생님은 어떤 분이었냐고요?

말도 마세요. 금방 말씀드린 4학년 때 선생님과는 정반대였습니다. 그분은 짜증을 낼 만한 기운조차 없는 분이었으니까요. 그저 한 해 내내 착 가라앉아만 계셨습니다. 언제 봬도 선생님 머리며 눈이며 어깨며 팔이며 모두 아래로만 처져 있었습니다. 단 한 번도 말로 표현하시지 않았지만 정말 이 세상을 살기가 귀찮다는 표정이었습니다.

아무튼 그 선생님이 다가오면 우리들은 신 나게 웃어 젖히다가도 입을 틀어막고 참아야만 했어요. 선생님이 그토록 침울한데 우리만 쾌활하기가 미안해서지요.

2학년 때 선생님이요?

좋게 말해서 무서운 한 해였어요. 그러면 4학년 때 선생님과 비슷했냐고요? 아닙니다. 4학년 때 선생님은 까닭 없이 짜증만 내실 뿐 무섭지는 않았습니다. 그저 마음이 편하지 않았던 거지요.

그런데 2학년 때 선생님은 그게 아니었어요. 이 선생님이 말씀하신 것은 그 말이 떨어지자마자 꼭 그대로만 해야 했지요. 조금이라도 어긋나면 난리가 나고야 말았습니다.

하루는 '아침저녁으로 이를 닦아라' '거짓말을 하면 안 된다'고 말씀하셨습니다. 그래서 우리는 모두 "네" 하고 대답했을 것이 아니겠어요? 그런데 그다음 날 아침 "어젯밤과 오늘 아침밥 먹기 전에 이 닦은 사람은 손들어!" 하시는 거예요. 저는 둘레를 살펴보았습니다. 여기저기서 손을 들데요. 그래서 저도 들었지요. 사실은 깜박 잊고 어젯밤에는 못 닦았지만, 선생님이 아실 리가 없을 테니 말이에요. 저뿐 아니라 다른 아이들도 그렇게 생각했던지 그럭저럭 모두 손을 들었습니다.

그랬더니 아이고, 그때 선생님이 그 시간은 물론 그다음 시간까지 어떻게나 지독하게 야단을 치시던지 모두가 와들와들 떨었다니까요. 나중에야 알았지만 오줌 싼 아이까지 있었습니다. 왜 아침저녁 두 차례씩 이를 닦으라 했는데 안 닦고, 거짓말하지 말라고 했는데 하느냐고 말이에요.

이를 두 번씩 안 닦은 것도 사실이고 거짓말한 것도 사실이에요. 어른들도 생각 좀 해 보세요. 이제 겨우 2학년밖에 되지 않은 꼬마들이었어요. 그 어린아이들이 집에서 엄마가 칫솔을 챙겨 주며 닦으라 하신 것도 아닌데, 꼭 잊지 않고 있다가 그것도 잠들기 전과 아침 먹기 전 두 차례나 닦을 수가 있었겠어요. 선생님도 그걸 아신 거지요. 그런지도 모르고 우리들은 모두 아침저녁 이를 닦았다고 손든 거지요.

아무튼 이 선생님과 지낸 한 해는 천둥과 벼락이 계속되었습니다. 몇 시간 천둥이 울리고 벼락이 떨어지는지는 그날 되어 봐야 알 수 있었지만, 틀림없이 하루에 한 번은 꼭 천둥이 울리고 벼락이 쳤습니다.

이제는 1학년 때 선생님만 남았으니 그분 이야기도 해 보라고요?

제 선생님을 흉봐서 정말 미안하네요. 1학년 때 선생님이랑 있었던 사소한 일은 다 잊었지만 지금도 제 귓전에 맴도는 선생님 말씀이 있습니다. "떡잎부터 알아본다"는 말씀이에요. 선생님 말씀을 듣고 싶지 않은 아이가 어디 있겠어요? 자기 몸이지만 제 마음대로 안 되는 것이 1학년짜리가 아니겠어요? 글쎄 그런데도 선생님은 그분 말씀대로 못 움직이는 아이를 볼 때마다 "떡잎부터 알아본다" 이 말씀을 꼭 잊지 않으셨어요. 정 바쁘시면 '떡잎'이란 말만이라도 꼭 하셨어요. 저는 5학년이 되고 나서야 선생님이 하신 말씀이 '잘될 나무는 떡잎부터 알아본다'에서 나왔다는 것을 알았습니다.

아무튼 이 선생님은 4학년 때 선생님처럼 짜증도 내지 않았고, 3학년 때 선생님처럼 축 늘어지지도 않았고, 2학년 때 선생님처럼 벼락을 치지도 않았습니다. 그렇지만 얼마나 쌀쌀한 한 해였던지요. 그 해라고 봄, 여름, 가을, 겨울이 없었겠습니까만 우리들은 사시사철을 초겨울처럼 지냈습니다.

'떡잎'이라는 말을 칭찬으로 쓸 수도 있었을 텐데, 그 선생님의 '떡잎'은 꼭 못된 것 키워 보았댔자 소용이 없다는 것만 뜻했습니다. 그야말로 기를 써서 선생님 칭찬을 들으려고 애쓰는 시절이 바로 1학년 때이련만, 이 선생님한테 어쩌면 그렇게도 잘못만 눈에 띄었는지 지금 생각해도 정말 신기합니다.

선생님한테서 '떡잎'이라는 말씀을 들을 때 아무리 어리다고 해도 제가 저지른 짓과 선생님 표정으로 보아 그 '떡잎'의 뜻을 모르겠습니까? 말하자면 '너 따위는 일찌감치 그만두는 것이 어떠냐'는 뜻인지 왜 모르겠습니까?

아무튼 그 한 해는 꽃이 피어도 초겨울, 태양이 뜨겁게 내리쪼여도 초겨울, 선생님이랑 함께하는 내내 초겨울이었습니다.

지금 가르쳐 주시는 선생님 자랑을 하고 제가 얼마나 행복한지 말하려던 것인데, 도리어 그동안 저를 가르쳐 주신 선생님들의 흉을 보게 되었습니다. 참으로 죄송합니다.

지금 우리 반 아이들 성질은 어떠냐고요? 별별 아이들이 다 있지요. 같은 반에 있는 어린이들이라고 어떻게 성질이 모두 같겠어요? 우리 반에는 날이면 날마다 짜증만 내는 아이도 있고, 언제나 풀이 죽을 대로 죽어서 마지못해 학교에 나오는 아이도 있고, 지나치게 괴팍스럽게 구는 아이도 있고, 늘 마음이 배배 꼬여서 빈정대기만 하는 아이도 있습니다.

아 참, 그러고 보니 지난날의 우리 선생님처럼 되어 버렸네요. 우리 선생님 이야기를 다시 꺼내려고 한 것은 아니었는데요. 더군다나 우리 동무들이 우리 선생님들한테서 못된 성질을 배웠다고 생각해 본 적이 없는 저입니다.

뭐라고 말씀하셨어요? 성질도 옮는다고요? 그게 무슨 말씀입니까? 결핵과 같은 전염병처럼 남의 성질이 자기도 모르는 새 옮는다는 말씀입니까? 그러고 보니 생각나는 일이 있습니다. 온종일 선생님이 짜증 내는 걸 보니까 저도 어느새 남에게 짜증을 내는 것이었어요. 선생님이 축 처져서 눈 한 번 반짝 뜨시는 일이 없으니 저도 신이 나지 않고요. '앞으로 내가 살아갈 세상도 저런 것인가 보다' 하는 생각을 하면 저도 모르게 기운이 빠지던데요.

이번에는 교실에 벼락이 칩니다. 그래서 한 아이가 선생님에게 꽝하고 얻어맞아 보셔요. 그러면 운동장에서 누군가 그 아이에게 얻어맞게 마련이거든요. 말하자면 운동장에 꼬마 벼락이 치는 것이었어요.

'떡잎' 생각도 나네요. 1학년 때 선생님한테 몇 달을 배운 뒤에 일어난 일이었어요. 우리들끼리 '네가 떡잎이다, 아니 어째서 내가 떡잎이냐' 하면서 '떡잎'이 남을 놀려 대는 말이 되었거든요. 그러고 보면 정말 선생님 성질이 꼬마들한테 옮나 봐요.

하지만 지금 우리 선생님은 정말로 성질이 좋습니다. 그분한테는 미운 아이가 없습니다. 모두가 좋고, 서로 달라도 좋은가 봐요.

선생님이 가르치기 시작한 지 한 학기밖에 안 되었지만 누구 하나 신 나지 않는 아이가 없거든요. 4학년 때까지는 고개도 못 들었던 아이까지도 '이제까지는 나 같은 것 무슨 소용이 있나 하고 지내 왔는데 지금 생각해 보니, 그렇지 않아. 나도 열심히 살면 훌륭한 사람이 될 수 있어'하고 생각하게 되었습니다.

그런데 어른들께 여쭈어 볼 것이 있습니다. 저를 가르쳐 주신 선생님들 가운데 한 분만 빼고 나머지 네 분은 어째서 그토록 성질이 좋지 않으신가요? 그 선생님들을 위해서나 그분들 밑에서 공부를 하느라고 날마다 일고여덟 시간을 함께 보내는 저희들을 위해서나 한시 바삐 그 성질을 고쳐야 할 텐데 어떻게 하면 좋겠습니까?

선생님들은 저희들한테 공부만 가르치면 되고, 선생님들의 좋지 않은 성질이 좀 옮았다면 그거야 집에서 바로잡으면 될 게 아니냐고요? 집에서 누가 고칠 수 있다는 말입니까? 다른 집은 몰라도 우리 집은 그럴 겨를이 없습니다. 아버지, 어머니, 언니, 누나 모두 있습니다. 살림도 다른 집이 부럽지 않습니다. 하지만 이른 아침이면 뿔뿔이 흩어졌다가 밤늦게 다시 만나는걸요!

만난 뒤에도 아버지는 회사 일로, 어머니는 살림 걱정으로, 우리들은 학교 숙제에 내몰려, 저마다 따로따로입니다. 서로가 서로를 아끼지 않아서가 아닙니다. 집안 식구를 위해서 제힘으로 제 앞을 열어 가려니 다른 도리가 없는 것입니다.

우리 집은 책에서나 봐 오던, 온 식구가 하나로 뭉쳐 함께 생각하고 일하며 살아가는 옛날 집이 아닙니다. 지금의 우리 집은 흩어졌던 식구가 모여서 저마다 먹고 자는 합숙소입니다. 그런데 어느 겨를에 집에서 저희들 좋지 않은 성질까지 고쳐 줄 수 있을까요?

직장이나 학교가 따로 없이 온 식구들이 날마다 오순도순 함께 일하며 지내는 세상이면 제가 왜 이런 걱정을 하겠습니까? 저희들의 '성질 바로잡기'를 집에다만 미룰 수 없는 것입니다. 그렇다고 공부만 하러 학교엘 다닐 수도 없는 노릇이지요.

지금 우리 선생님은 성질이 참 좋으시지만, 다음 해부터가 걱정입니다. 다음 해부터 대학을 나올 때까지 만나 뵙게 될 선생님이 모두 지금 우리 선생님 같은 분이면 얼마나 좋을까요? 성질이 좋으신 선생님한테 여러 해를 배우다 보면 제 성질도 고쳐질 테니 말입니다.

그러나 저는 고개를 젓고 있습니다. 제 마음속에서 나오는 솔직한 말은 지금 우리 선생님이 예외라 하고 있으니까요. 그런 분은 제가 겪어 온 대로 다섯 분 가운데 한 분밖에 없다고 말하고 있습니다. 저는 제 마음에서 나오는 소리를 믿을 수밖에 없습니다.

저는 다시 어른들한테 여쭤려고 합니다. 어찌하여 선생님들 성질이 이토록 좋지 않게 된 것입니까. 타고난 성질인가요? 그럴 리가 없습니다. 선생님들이 짜증 내는 데에도, 어깨를 축 늘어뜨리는 데에도, 날마다 벼락을 치는 데에도, 마음이 비꼬여 차가워지는 데에도,

다 까닭이 있는 것입니다. 그리고 그 까닭은 '선생님들의 생활' 속에 있다고 생각합니다.

선생님들은 너무 무거운 짐을 지면서도 소홀한 대접을 받고 있습니다. 우리 선생님들의 성질이 좋아지게 하기 위해서 이분들한테 지우는 짐을 덜어 주실 수 있는 분은 안 계신지요? 그리고 선생님들이 더 나은 대접을 받게 해 주실 수 있는 분은 안 계신지요?

나날이 성질이 나빠지고 있는 우리들을 굽어살펴 주십시오. 앞날만은 좋은 성질을 지닌 선생님한테 배워서 저희들이 좋은 성질을 지니게 해 주십시오. 앞으로는 선생님들이 저희들 하나하나를 잘 가르칠 수 있는 정도의 짐만 질 수 있게 해 주십시오.

어리기는 하지만 저희들도 사람입니다. 우리 선생님들이 더도 말고 사람을 가르치는 일에 알맞은 대접만 받게 해 주십시오. 저희 마음에 뿌려지는 좋지 않은 성질의 씨를 그대로 두고는, 오늘도 내일도 밝지 않겠기에 그럽니다. 굽어살펴 주세요.

우리 사회를 자급자족하던 농업경제 사회로 되돌릴 장사는 없습니다. 아버지는 일터 찾아 아침 일찍 집을 나가게 마련이고, 어린 아들딸들은 학교에 가게 마련입니다. 때에 따라서는 어머니도 일을 하러 나가 학교에서 돌아오는 아들딸보다 늦게 집에 돌아오기도 합니다. 가정에서 교육을 할 수 있던 것은 점점 옛이야기가 되고 있습니다. 그래서 옛날 가정에서 맡아보던 어린이의 성격 형성이 이제는 학교의 책임으로 돌아가게 된 것입니다. 그런데 학교에 이 일을 맡아볼 준비가 갖추어지지 않으면 이는 참으로 큰일입니다. 어린이들 성격을 올바르게 키우기는커녕 선생님의 성격이 비뚤어져서 어린이들 성격을 그르치다니요.

뭐니 뭐니 해도 지식을 전하는 것이 선생님의 첫 번째 임무입니다만 이는 나중에 가서 도리어 잘되곤 합니다. 그러나 사람의 성격 형성은 어린 시절을 놓치면 어려울 때가 많습니다. 어린이의 성격을 바로잡아 주어야 할 때에 도리어 그 성격을 그르치는 선생님이 있다면 이보다 더 큰일은 없는 것입니다.

병 가운데 남한테 옮기는 병이 있다는 것을 알고부터 그런 병을 가진 사람은 교단에 서지 못하게 했습니다. 그런데 선생님의 성질이 학생한테 옮는 데에는 별 논란이 없습니다. 선생님의 좋은 성질이 학생한테 옮았던 시절이 있었습니다. 그러나 지금처럼 좋지 않은 성질을 보여 주는 선생님이 많을 때에는 심각하게 따져야 합니다. 좋지 못한 성질이 학생한테 옮기 때문입니다. 전염병에 걸리면 교단에 서지 말아야 하는 것처럼, 좋지 않은 성질을 가진 선생님도 어린이 앞에 나서지 말아야 합니다.

아시다시피 사람의 성질은 태어난 뒤 여러 까닭으로 달라지는 것입니다. 그리고 사람이면 누구나 감당할 만큼의 책임이 있게 마련이고 그 일을 힘겹게 해냈는데도 그에 따른 알맞은 대가가 없을 때, 또는 힘이 모자라 그 일을 잘 해내지 못해서 지나친 냉대를 받게 될 때, 지렁이도 밟으면 꿈틀하는 것처럼 타고난 성격이 무엇이든 그대로 있을 리 없습니다. 앞의 어린이 말대로 별의별 좋지 못한 성질을 드러내기 마련입니다.

학생들을 가르치라고 모셔 온 선생님입니다. 그 밖의 일은 맡기지 말아야 합니다. 학생을 잘 가르치기란 참으로 끝이 없습니다. 그렇다고 선생님도 남편이고 아내이며 부모인데 그 모두를 저버리고 자나 깨나 학생만 가르치라고 할 수는 없습니다. 다른 모든 일터처럼 출근해서 일을 시작하는 시간이 있고 일을 마치고 퇴근하는 시간이 있습니다. 일하는 시간만이라도 오직 '학생 가르치기'에 전념할 수 있게해 주어야 합니다. 그 밖의 일이 있다면 사람을 써서 시켜야지요. 선생님한테 학생 가르치는 일 말고 다른 일을 시키는 것은 학생의 배우는 권리를 침해하는 일입니다.

모든 사람이 그러하듯 학교 선생님 능력에도 한계가 있습니다. 학생이 어리면 어릴수록 하나하나 달리 돌봐 주어야 합니다. 국민학교나 중학교에서 70명이나 되는 학생을 한 선생님한테 내맡기면, 배우고 싶어도 배울 수 없는 학생이 생기기 마련입니다. 대학생들이라면 몇 십 명이 아니라 몇 백 명도 한꺼번에 가르칠 수 있습니다. 하지만 국민학교에서는 나이가 같은 학생이라도 서로 발달 차이가 있습니다. 선생님마다 학생 수를 줄여야만 선생님들이 고루 가르치면서 만족도 느낄 수 있습니다.

이 사회의 일 치고 다 필요한 것들이지만, 그 일을 하며 살 수 있게 하는 것이 교육입니다. 선생님을 우대까지는 못할지언정 이치에 맞지 않게 푸대접한다면 불만이 생길 수밖에 없지요. 남의 아들딸은 가르치면서 제 아들딸은 돈이 없어 못 가르치면 불만은 커지는 게 당연

합니다. 같은 자격 같은 경력인데도 다니는 학교가 사립이라서 공립보다, 시골에 있어서 도시보다 적은 보수를 받는다면 불만은 더욱 커질 것입니다.

공무원은 보수의 전액을 나라에서 받고 있어서 국민이 따로 주는 돈이 없습니다. 그런데 교육 공무원이 자기가 받는 보수 일부를 자기가 가르치고 있는 학생들의 부모들한테 받아야 한다면, 선생님과 학부모가 서로 못할 짓을 하는 셈입니다. 이러고서야 선생님들한테 원만한 성격을 기대하기란 어렵습니다.

선생님한테 이치에 맞는 보수를 주는 것 못지않게, 아니 그보다 더 중요한 것이 있습니다. 그것은 교육행정과 학부모의 정신적 대우입니다. 어린이를 가르치는 일만큼 중요하고도 어려운 것도 없는데, 그 일을 할 수 있어서 교단에 선 사람이라면 자주성이 보장되어야 합니다. 가르칠 것을 알아도 선생님이 더 잘 알고 학생들을 이해해도 선생님이 더 잘 이해하고 있습니다. 교육행정이 학생을 가르치는 선생님들의 뒷바라지를 하지 않고 그들 위에 군림하려 든다면 분명 맡은 일을 제대로 하지 않는 것입니다. 그런 교육행정으로 교사들의 불만은 커지게 마련입니다.

학부모가 선생님들한테 대하는 태도 또한 아쉽습니다. 선생님 좋으라고 하는 게 아니라 자녀들 사람 되기 위함입니다. 선생님도 잘못이 없으라는 법이야 없지요. 어린이 앞에서만은 선생님 일을 존중해 주어야만 그 아이가 제대로 교육받을 수 있습니다. 학부모와 선생님은 어린이를 사람 되게 하자고 맺은 인연입니다. 그런데 선생님을 존경하지 않는 부모한테서 자란 어린이는 그 선생님한테서 사람 되기를 배우려 하지 않습니다. 이 세상 누구도 배우려 하지 않으면 가르칠 능력이 없는 것입니다. 남의 자녀를 사람 되게 하자고 교단에 선 선생님이, 그 구실을 못 하게 될 때 불만은 그보다 더 커질 수밖에 없는 것이지요.

불만투성이 선생님은 어린이한테 해롭습니다. 앞의 글에서처럼 선생님의 좋지 못한 성질은 어린이들한테 옮게 됩니다. 선생님들 짐을 덜어 드리고 사랑을 가르치는 일에 알맞은 대접을 해야 합니다. 하늘 땅을 다 준대도 바꾸지 못할 우리 아들딸을 위해서 말입니다.

이 어찌 존경받는 교사가 될 수 있으랴

학생들이 교육을 더 받으면 받을수록 착한 사람이 되는 그런 교육이라야 정상이라 할 수가 있다. 아는 것도 많아지고 손재주도 늘지만 마음씨가 나빠진대서야 그런 교육은 받지 않느니만 못한 것이다.

지금 우리 교육은 어떠한가. 대학 졸업자가 고등학교 졸업자보다, 중학교 졸업자가 국민학교 졸업자보다 아는 것도 손재주도 확실히 많다. 하지만 인간성이 그만큼 착하다고 할 수 있을까. 그렇지 못하다면 그 까닭은 무엇이란 말인가. 단 하루라도 착한 사람이 되라고 가르치지 않는 교사가 없으련만 학생들이 실제로 착한 사람이 되지 않는 까닭은 무엇일까. 학생들이 교사의 인격을 본받으려 하지 않기 때문이다. 그것은 어째서인가. 학생을 가르치는 교사라면서 다른 일을 하고 있는 경우를 허다히 보고 있기 때문이다. 가르치는 경우에조차 학생 아닌 다른 사람을 위해서 하는 경우 또한 적지 않다. 한마디로 학생을 사랑하고 가르치는 교사가 아닌 것이다.

교사가 그런데 그 교사를 존경할 학생은 없는 것이고, 존경하지 않는 교사의 인격을 배울 학생도 없는 것이다. 내일의 겨레는 오늘의 학생들이다. 그 학생들이 오늘 착한 사람이 되어 가지 않는다면 내일의 우리 겨레는 어떻게 될 것인가. 자멸이 있을 뿐이다.

더 받으면 더 받을수록 학생들의 인간성이 착해지는 그런 교육이 되게 하는 길은 무엇인가. 모든 교사가 학생 교육에만 전념토록 하는 길을 열어 주어야 한다. 이를테면 육성회비를 학생들한테 거두어 바쳐야만 자기 몫을 차지하는, 그런 일을 없애기 위해서 국가에서 교육예산을 늘리자는 것이다.

돈 걷기가 어찌 교사의 일이란 말인가. 세금을 징수하는 공무원도 어른들한테 거두지 어린이보고 달라고 하지는 않는다. 학생들이 제 선생을 세무 공무원만큼도 존경하지 않는 까닭이 바로 여기에 있다. 물론 많은 국가 예산이 더 든다. 하지만 그렇다고 해서, 이 일을 하지 않으면 그 액수보다 수백 배가 넘는 지금까지 교육예산이 모두 허사가 될 지경이라는 것을 잊지 말자. 존경하지 않는 교사에게 인격을 배우는 학생은 없는 법이니 국가 예산 낭비가 아니고 무엇이겠는가.

학생 교육에만 전념하는 교사가 되게 하는 길 또 하나는 시골 학교 차별을 없애는 일이다. 시골 학교를 다니고 대학에 진학한 학생이 거의 없는 사실 하나만 보아도 알 만하지 않은가. 교사 대우를 도시만 못하게 해 놓고 능력이 없거나 사고를 낸 교사를 보내는 곳이 시골 학교이다. 바로 이 까닭에 도시 교사는 시골로 좌천될까 봐 전전긍긍이고 시골 교사는 도시로 영전하려고 운동하는 데에 여념이 없을 지경인 것이다. 이래서 도시 학생도 시골 학생도 교사의 사랑에 굶주리게 된 것이다. 자기를 사랑해 주지 않는 선생을 선생같이 여기겠는가.

불량한 십대는 늘어날 수밖에 없는 것이다. 시골 교사 대우를 도시보다 월등하게 높여야 한다. 시골 학교 가는 것이 영전이라는 말을 들을 만큼 높여야 한다. 그래야만 우수한 교사들이 도시와 시골에 고루 퍼질 것이다. 학생 교육을 외면하고까지 벌이는 영전 운동, 좌천 기피 운동 모두가 없어질 것이다. 그만큼 교사는 학생들한테 존경을 받을 것이고 그만큼 학생들은 인격을 배워 지닐 것이다.

교사를 존경하지 않는 학생들이 많아진 까닭이 또 하나 있다. 교사가 몇몇 학생들만 교육하기 때문이다. 모두를 고루 가르칠 수 없을 만큼 교실마다 학생 수가 많은 것이다. 뿐만 아니라 정해진 기한 내에 가르쳐야 하는 양도 너무 많다. 자연히 공부 잘하는 학생들 위주로 가르치게 되고, 나머지 학생들은 배우는 것 없이 앉아만 있자니 속만 상한다. 다른 학생들만 가르쳐 주고 자기는 앉아 있게만 하는 교사 앞에서 몇 해를 보내고도 불량스럽게 되지 않을 학생이 있겠는가. 교실마다 학생 수를 줄이지 않으면 불량 십대는 늘 수밖에 없다. 대학보다는 고등학교, 중학교보다는 국민학교에서 교실마다 학생 수가 적어야 한다.

누가 그것을 몰라서 교실마다 학생 수를 줄이지 않느냐는 이가 있을 것이다. 국가 예산이 부족한 게 그 까닭이라면, 차라리 학교 수를 줄이고라도 모든 학생이 교육받을수록 사람이 착해지는 그런 학교라야 한다는 것이 우리 주장이다. 교육이라는 이름 아래 인간성 불량화를 촉진시키는 그런 학교라면 없느니만 못하다.

유식한 이들이 많지 않다고 그 나라, 그 겨레가 망하는 법은 없지만 불량한 이들이 많으면 망해 버릴 수 있다. 학교 수를 줄이자는 것은 아니다. 국가 안보 예산만큼만 중요하게 여겨서, 교실마다 학생 수를 줄이는데 쓰이는 예산을 국가에서 배정하자는 것뿐이다.

생각해 보면, 우리보다야 사람답게 살 겨레가 되게 하자고 학교를 세운 것인데 어느 학교에서도 학생들은 인격을 습득하고 있지 않다. 착한 사람이 되라고 날마다 가르치는 자기의 선생을 선생같이 여기고 있지 않아서다. 전국 교사들로 하여금 그야말로 선생답게, 학생만을 위해서 교육에만 전념토록 그 여건을 마련해 주자. 겨레 존망이 이에 달려 있다.

4장

우리 겨레가
참교육에 이르려면

가정교육과 어린 자녀의 인권

태교를 못 받는 배 속 아기

태교란, 아기가 선 여성이 배 속 아기를 중심으로 삶을 새롭게 가꿔서 그 아기가 잘 자랄 수 있는 조건들을 마련해 주는 일이다. 아기가 서고부터는 욕설이나 싸움질을 듣지도 보지도 하지도 않는다. 더군다나 사람을 이용하고 해쳐서 제 이득을 채우는 것 따위는 생각조차 하지 않는다. 그래서 배 속 아기의 몸과 마음이 엄마가 살아가는 참되고 착하고 아름다운 삶과 더불어 잘 자라게끔 도왔던 것이다.

그런데 적어도 천 년이 넘도록, 우리 나라 배 속 아기라면 누구라도 받아 온 이 태교를 이제는 못 받게 되었다. 옛날에는 극심한 남존여비 사회였지만, 아기가 배 속에 서고부터는 그 여성이 극진한 대접을 받았다. 그렇기 때문에 배 속 아기가 태어나기 전부터 좋은 교육을 받을 수 있었던 것이다. 그런데 요즈음은 남녀평등을 지향하는 사회이면서도, 아기가 섰다고 해서 그 아기 엄마가 사회에서 이렇다 할 배려를 받기는커녕 아기 덜 갖기 운동까지 하는 바람에 태교는 엄두조차 못 내게 되었다.

겨레 역사가 있은 지 얼마 뒤부터인지는 모르나, 아기 선 여성이 홑몸 아닌 이로 불려 온 것만 보아도 까마득한 옛적부터 배 속 아기가 이미 한 사람으로 헤아려진 건 분명하다. 온 집안이 태아 교육에 나서고 온 동네가 이를 도운 것은 결코 우연이 아니었던 것이다.

요즈음은 어떠한가. 위장이나 허파가 몸속 한 부분인 것처럼 배 속 아기도 엄마 몸속 한 부분으로만 헤아리게 된 것이다. 배 속 아기가 소중하다 해도 딱 위장만큼만 중요하다고 여기는 까닭에 엄마가 필요하다고 여기면 언제라도 수술을 하게 된 것이다.

그뿐만이 아니다. 위장이야 삶에 없어서는 안 될 부분이지만, 그렇지도 않은 배 속 아기야 그만도 못한 하찮은 부분으로 여기는 경향마저 생기게 된 것이다.

이리하여 지금도 예나 다름없이 태아야 많지만, 그저 안전하게 보호받는 것이 고작일 뿐 태교를 받고 바르게 자라는 태아는 거의 없어진 것이다. 아니, 냉대받는 죄수처럼 열 달 동안 배 속에 갇혔다가 세상에 나오는 태아가 적지 않다. 우리 나라에서 인권 운동은 모름지기 태교를 되찾는 것에서부터 시작해야 할 것이다.

어미 사랑도 어미젖도 굶주리는 젖먹이 아기

옛날 어버이들이라고 지금 어버이들보다 잘살았던 것은 아니었지만, 누구나가 젖먹이 아기한테만은 애정도 모유도 넉넉하게 대어 주고, 그때에 사람답게 클 수 있도록 충분히 보장해 주었다. 그런데 지금은 돈과 권력이라는 우상을 섬기는 나머지 젖먹이 아기한테는 남을 시켜 우유나 먹이게 하고는 많은 어머니들이 돈 벌러 집을 나가게 되었다. 더 말할 나위도 없이 우유가 송아지한테 가장 좋은 영양이듯 아기한테 가장 좋은 영양은 그 어머니의 젖이다.

그뿐만 아니라 아기가 송아지와는 달리 사람답게 자라나려면 제 어미가 주는 따뜻한 애정도 받아야 하는데, 지금 젖먹이 아기들은 이 둘 다 굶주리게 된 것이다. 사람이라면 누구나 사람답게 살 권리를 타고나는데 이것이 아기한테는 어머니 사랑을 받고 어머니 젖을 먹을 권리인 것이다. 그것 없이는 그냥 살 수야 있을지언정 사람답게는 자랄 수 없는 것이다.

세상에 태어나자마자 버려진 아기 가운데 어른이 되어서 훌륭하게 살다 간 사람이 있는 것은, 모유야 우유로 대신했겠지만, 친어미와 다를 것 없는 애정이라도 충분히 받아서이다. 그런데 지금 젖먹이 아기들은 고아도 아니면서 모유도, 어미 사랑도 굶주리게 되었다.

생각하면 어느 어미도 제 분신인 아기한테 사랑과 젖을 주고 싶지 않아서 안 주는 것은 아니다. 돈 없으면 사람답게는 고사하고 짐승처럼 살 수도 없는 세상이고, 돈 벌려면 내 것 빼앗기기 전에 남의 것 빼앗을 힘이 있어야 하는지라 젖먹이 아기 엄마라고 아기 곁에만 있을 수가 없게 된 것이다. 집 나가서 힘들여 버는 돈과 사람을 두어 아기 키우는 값을 따지게 된 것이다. 그 끝에 수입 지출이 맞아 떨어져서 그 엄마는 젖먹이 곁을 떠나게 된 것이다.

돈을 벌고 권세를 누리기 위해 약육강식이 예사가 된 지금 우리는 이 세상부터, 사람들 세상이니 사람을 섬기며 사는, 아니 가난하고 약한 사람일수록 위해 주는 세상으로 고쳐 나갈 일이다. 가난하고 약한 사람으로야 젖먹이 아기가 첫째간다. 나라가 이들한테 어머니 사랑과 젖을 보장해 주어야 한다. 돈을 벌기 위해 젖먹이 곁을 떠나지 않을 것을 조건으로 주는 보조금이나, 일하는 기혼 여성한테 아기 젖먹이는 기간 뒤에 복귀를 보장하는 형식으로 말이다. 나라는 모든 젖먹이 아기한테 엄마의 사랑을 받고 젖 먹을 권리를 보장해 주어야 한다.

함께 놀아 주는 어른들이 없는 취학 전 아이

일어서서 걸어 다니고, 조금씩이나마 다른 사람 말을 알아듣고 제 생각을 말하게 되고부터, 그 아이가 사람답게 자라는 길은 그렇게 되기를 바라는 어른들과 함께 노는 데 있다. 차디찬 감시나 마지못해 하는 보호가 아닌, 선의를 갖고 함께 놀아 주는 어른들이 있어야만 아이 몸은 물론 마음까지 사람답게 자라난다.

맘껏 놀지 못하는 아이는 공부하지 못하는 학생이나 일하지 못하는 어른과 같은 뜻이다. 학생한테 배울 권리가 있듯이 취학 전 아이한테는 어른들과 함께 놀 권리가 있다. 못 배우면 학생이 아니듯 못 놀면 아이도 아니다.

그런데 요즈음 취학 전 아이들은 어떠한가? 도시 어른들도 가난하고 능력이 없으면 살기 어려운 법인데, 취학 전 아이들은 그저 제 집 안에만 갇혀 있어야 어른들이 부리는 횡포로부터 안전할 지경이 되었다. 어느덧 다른 집 아이라면 제집 강아지만큼도 여기지 않게 된 것이다. 나라에서 마련해 놓은 놀이터라 해 봐야 서민들한테는 새 발의 피만도 못하고.

그렇다면 농촌은 어떠한가? 이름만 아직 농촌이고 겉모습만 농사 짓고 있는 것이지, 돈벌이와 잘살기 위한 욕심만은 도시와 조금도 다를 바 없다. 도시에서는 먹으면 해로운 식품이 나돌고 있지만, 농촌에서는 돈이 안 되면 심어 놓은 채소도 뽑아 버린다. 그뿐만 아니라 권세를 누리고자 한마을 사람도 해치고, 돈 벌자고 그냥 내버려 두는 자연이 없다시피 하는데, 한동네 어린아이들과 함께 놀아 주는 어른들이 있을 턱이 없는 것이다.

돈과 권력 대신 사람을 섬기며 사는 세상부터 이뤄야만, 그리고도 어른들보다 먼저 아이들부터 보살펴야만, 그래서 동네마다 취학 전 아이들의 학교인 놀이터가 세워지고 부모 대신 그들과 함께 놀아 주는 일을 하는 어른들이 배치되어야만, 인권마저 못 누리고 짐승처럼 커 가야 하는 아이들이 없어질 것이다.

취학 전 아이들 교육과 국가 시책

갓 낳았을 때에는 무력하기가 강아지는 고사하고 병아리만도 못한 아기이지만 첫돌이 지나고부터는 섬마, 걸음마는 물론 강아지도 병아리도 못 하는 말까지 중얼거리게 됩니다. 짐승한테는 없는 '사람 마음'이 움튼 것입니다. 잘될 나무는 떡잎부터 알아본다느니, 세 살 적 버릇 여든까지 간다느니 하는 옛말도 있지만, 일생을 사람답게 살아갈 바탕은 바로 이 취학 전 아이 시절에 다져집니다. 어떤 환경 속에서 무엇을 먹고 어떻게 삶을 이어 가느냐가 아닙니다. 그 점은 현대식 양돈장이나 양계장이 으뜸가게 좋은 것일 수도 있습니다.

이 시절을 어떤 사람들과 어떤 사이를 맺고 어떤 경험을 쌓으며 사느냐에 따라 나머지 일생을 살아갈 바탕이 마련됩니다. 이 시절에 개, 돼지 같은 사람들과 약육강식하는 경험을 쌓으며 살다 보면, 그만큼 이다음 세월을 개돼지처럼 약육강식으로 살아가게 됩니다. 개돼지가 못 하는 말도 잘하고 셈도 빠르지만, 제 욕심 채우느라 다른 사람 목숨까지 해치는 데야 짐승과 다름없다는 말씀입니다.

요즈음 우리 아이들은 어떠합니까? 물론 약육강식하는 짐승살이 그대로는 아닙니다. 우리 아이들은 도리어 부모한테 넘칠 만큼 보호받고 있습니다. 부모 자신들은 덜 먹고 덜 입고서라도 자녀들만은 잘 먹이고 잘 입힙니다. 그러나 줄곧 집 안에서만 있을 수 없어서 밖에라도 나가는 날엔 아이들 사정은 아주 딴판이 됩니다. 집도 많고, 사람도 많아서 동네까지 이루고는 있지만, 사람으로 대해 주는 어른들이 없는 것입니다.

할 일 없이 놀아도 제집 강아지하고나 노는 동네 어른들입니다. 다른 집 아이도 사람인데 제집 강아지만큼도 눈여겨보지 않는 겁니다. 하는 수 없어 제 또래끼리 어울려도 보지요. 그때는 정작 약육강식의 실천일 수밖에요. 제집 아이가 다쳤다고 항의하다 보면 어른들끼리 싸움으로 번지는 경우조차 적지 않고요. 물론 짐승이 아니고 사람이라면, 그이가 여섯 살도 못 되는 아이여도 약육강식에 따른 삶을 좋다고 하진 않겠지요.

어린아이들이 집 안에 들어가서 텔레비전에 매달리는 것도 결코 무리는 아닙니다. 동네에 나가 봤자 따뜻하게 맞아 주는 사람도 없고 그저 살벌하기만 하니 집 안에 움츠리고 앉아 텔레비전이나 틀 수밖에요. 그 화면에 나오는 대부분은 뜻을 모르고, 더러는 오해도 하고, 따라서 백해무익하지만, 제 손으로 트는 대로 화면이 나와 주는 것만으로도 고마운 것이지요.

그 텔레비전을 한 번 보고 두 번 보고 다시 또 보노라면 결국엔 돈

벌이 얘기입니다. 돈벌이에 미친 나머지 사람도 서슴없이 해치는 '돈 짐승' 얘기도 없지 않다는 것이 옳을지도 모르겠습니다. 짐승들한테는 없는 돈을 벌어서 쓰는 것이 다를 뿐, 사람도 약육강식으로 사는데는 짐승과 같다는 것을 이제 아이들도 알게 된 것입니다.

아니, 여섯 살도 못 됐는데 벌써 알게 된 것입니다. 알아도 학교에 들어간 뒤에 돌이킬 수 없을 만큼 알게 됩니다. 자기 발로 걷게 되어 동네 나갔는데 '약육강식하는 삶'을 맛보았고, 그게 싫어서 제집 안에 들어와서 텔레비전과 사는데, 그것 또한 사람 대신 '돈 섬기기'를 구경하는 것이라, 이것이 요즘 취학 전 아이들 처지가 아닐는지요.

취학 전 아이들을 사람답게 기르자면 '잘살아 보자'던 지금까지 해온 국가 시책을 '인간답게 살아 보자'로 구체화하자는 것이 내 생각입니다. 돈벌이를 그만두자는 얘기가 아닙니다. 사람답게 살기 위해 돈을 벌자는 말입니다. 사람을 해치면서 하는 돈벌이라면, 그것만은 그만두자는 말입니다. 다른 집 아이들도 사람인데 그 아이들한테도 사람대접을 하는 것이 우리 어른들이 해야 할 사람다운 도리입니다.

국가는 그 '사람의 도리'를 지킬 여건들을 갖추어 놓아야 합니다. 자급자족하던 농업 경제 시대로 돌아가자는 얘기가 아니라 한 나라 사람들끼리라도 더욱 아끼며 사는 산업화를 하자는 말입니다. 내일을 이끌 나라 주인들 거의가 교육 영양실조인 바, 한 나라에 이보다 더한 안보 문제도 없지 않나 생각합니다. 나라에서 버림받은 아이들은 이다음에 그 나라를 돌아보지 않을 터이니 말입니다.

나라가 취학 전 아이들한테 교육 영양을 필요할 만큼 넉넉히 대어 주는 길은 다른 데 있지 않습니다. 나라 안을 '돈 섬기기'가 아닌 '사람 섬기기'가 가득한 삶으로 채워 놓는 데에 있는 것입니다. '먼저 사람들'의 섬김을 받고 자라나면, 이다음에 '나중 사람들'을 섬기며 살아갈 우리 아이들입니다. 그 아이들한테 이제까지 살아온 우리들보다 더욱 사람답게 살아갈 길만 터 준다면야 그것만으로도 나라 세운 보람은 있고도 남지 않을까 생각합니다.

취학 뒤 국민의 교육과 국가 시책

　사람은 자기가 살아가는 삶의 길에 따라 사람답게도 되고 짐승답
게도 됩니다.

　착한 삶을 살고 난 뒤에 악한 사람이 되지는 않습니다. 70년을 추
악하게 살고도 죽기 전 한 해 안에, 아니 하루 만에 온통 착한 사람
이 되는 경우가 아주 없지는 않지만 그것은 아무래도 예외입니다.
엄밀히 말한다면 그 경우조차 그 마지막 한 해나 하루 동안 반드시
착한 삶을 살았어야 착한 사람이 됩니다. 여하튼 나는 취학 뒤 '국
민의 교육'을 이제 '국민의 삶'으로 고치려는 것입니다. 삶대로 사람
되는 것이니 그게 바로 교육이라는 것이 내 생각입니다.

　그리고 한국 교육을 생각하기에 앞서 조선왕조 시대 교육부터 생
각하렵니다. 글을 배우기 시작하는 어린아이 때부터 늙어 죽을 때까
지 삶을 국가 시책과 관련지어 생각하렵니다. 짐승들한테는 없는 글
인데, 글 배워서 지배층에 끼어 잘 살아가려면 중국 송나라 때 유학

사상을 본받아야만 했습니다.

유학에도 많고 많은 학파가 있겠지만 조선왕조는 주자학파(성리학파)만 본받도록 시책을 폈습니다. 그 학파야말로 왕을 하늘의 아들로 받들어 변함없음을 으뜸가는 사람 도리로 삼았기 때문이었습니다. 과거에 급제해야 지배층에 끼어들 수 있도록 제도로 만들어 놓고는 5백 년 내내 출제와 채점의 기준은 주자학 하나뿐이었습니다.

급제한 뒤에도 주자에서 벗어난 사상을 품으면, 왕조는 국가 이념을 어지럽히는 자로 잡아서 독약을 주어 죽게 하거나 모진 형벌을 내리고 외진 곳에 가두었습니다. 이래서 조선왕조 5백 년 아래서 글 배우는 이들이 하나같이 바라던 것은 형벌이나 죽음을 당하지 않고 지배층에 끼어 잘 사는 것이 되고 말았습니다.

뿐만 아니라, 글 배운 이들이 주자의 생각에서 벗어나는 것은 하늘을 거역하는, 그래서 하늘에게 노여움을 사는 일로 믿게까지 된 것입니다. 이래서 글 배운 이들은 한 나라 백성들 대신 왕을 하늘처럼 위하게 된 것입니다. '사람이 곧 하늘'이 아니라 '왕이 곧 하늘'이 글 배운 이들의 인생살이가 된 것입니다. 이것이 조선왕조 5백 년 교육정책이었습니다.

그래서 왕조는 체제 유지를 위해 중요한 일꾼을 잘도 얻어 냈지만, 백성들이야 자유롭지 못한 봉건의 고통에서 5백 년 동안이나 짓눌려 지냈습니다. 글 배운 이들 가운데 중국 주자학파에 반기를 들었던 실학파가 없었던 것은 아니었습니다. '사람'이 곧 '하늘'임을 외치고 나섰던 동학혁명군도 있었습니다. 하지만 아는 바대로 전자는 동족 어용학자들에 의해 후자는 외국 군대와 결탁한 왕조에 의해 짓밟히고 말았습니다.

그래도 조선왕조는 우리 나라이기에 우리를 침략한 일본과 견주면 교육을 통한 고급 노예 양성에 있어 점잖은 편이었습니다. 일제는 과거 시험에 급제하는 대신 고등고시에 합격하는 것을 조건으로 지식인들을 잘먹고 잘사는 층에 편입시켰습니다.

학교를 다녀서 공부한 끝에 제 나라 독립을 생각이라도 하게 되는 날엔 자기는 물론 자기 집안까지 쑥대밭으로 만들고, 어느새 '학교 다니기'는 '고등고시 준비'나 다름없게 되었습니다. 일제강점기 36년 내내 고등고시 출제와 채점의 기준은 오직 하나 '일본 제국주의 체제의 앞잡이'였으며, 따라서 학교교육은 어느새 '민족 반역자 양성하기'나 다름없게 된 것이었습니다.

물론 학교 다녀 공부하고도 나라 사랑, 겨레 사랑에 목숨을 바친 이들도 적지 않게 있었지만, 우리 모두 아는 바같이, 일제 총독부나 교육 당국은 그이들을 학교에서 내쫓고도 다시 잡아들여서 고문까지 가한 뒤 긴 세월을 감옥에 가두었던 것이지요.

이제는 지금 우리 나라, 한국의 학교교육을 생각해 보겠습니다.

조선왕조 시대에 있던 과거제도도 없고, 일제강점기 때 학교 제도도 없어졌지만, 사람이 사람 대접을 받는 일자리라도 얻어 살려면 명색만이라도 좋으니 대학을 나오고 봐야 하는 세상입니다. 그래서 '학교 다니기'가 온통 '대학 입시 준비하기'나 다름없이 되고 있습니다. 또 그 시험에 나올 것만 공부하고 합격을 위해서라면 친구도 쓰러뜨리는 그런 못된 사람들이 되어 가고 있습니다. 이런 점에서 지난날 교육의 못된 전통이 아주 없어진 것도 아닌 듯싶습니다.

지금 우리 사회가 대학을 안 나오고는 사람대접을 받는 일자리를 얻지 못하는 사회가 된 것은, 아무래도 첫 번째는 국가 시책 탓이라고 생각합니다. 조선왕조 때는 백성들 대신 왕을 하늘로 섬기지 않고는, 일제강점기 때에는 같은 겨레를 짓밟는 총독의 앞잡이가 되지 않고는 잘먹고 잘살 도리가 없었던 우리 지난날입니다.

새 나라 세우고 국가 시책 펼 때에 대학 출신이어야 사람대접 받고 사는 길을 터 줬다는 것은, 대대로 가난을 무릅쓰고 사람답게 살아온 집안 자식들에게 이중의 어려움을 안겨 준 것이었습니다. 첫째는 유식한 부모가 아니니 가정에서 시험을 준비하는 데 도움을 받을 수 없고, 둘째는 집안이 가난하니 학비를 받을 수 없어, 아니나 다를까 옛날부터 잘살아 온 집안 자녀들이 대학생 대부분을 이루는 대학이 되고 말았습니다.

이것이 본의는 아니었다 해도 국민은 알았던 것이지요. 새 나라에 민족정기가 싹트지 않고 있음을, 일제의 앞잡이와 민족 반역자들이 새 나라에서 거듭 세력을 얻고, 총독부 때 시학관이었던 자가 교육감, 문교부 장관에 앉게 되는 세태를 빚고야 말았습니다.

이 무렵부터입니다. 국민은 자식들을 사람답게 하려고 학교에 보낸다는 생각을 버렸고, 국가 시책은 학교를 정치하는 도구로 삼게 되었습니다. 이 무렵부터입니다. 국민은 자식들이 옛날에 과거에 급제하듯, 서울에 있는 대학에 입학해서 사람 대신 권력을 섬겨서라도 부자가 되기만 바랐고, 국가 시책은 학교 입학시험의 공정한 관리를 내세워 오만 가지 형태의 국가고시를 '시키는 일이나 잘할 사람'을 뽑기 위해 출제하고 채점하게 되었습니다.

자식들한테 학비를 대는 학부모 생각이 이리되고, 학교를 세워 감독하는 국가 시책이 이리된 마당에, 교사들이라야 무슨 도리가 따로 있을 리 없게 되었습니다. 상급 학교 입시나 준비시키면 되지, 아직 어려서 사람답지 않은 학생들을 맞아 사람다운 삶을 가르쳐 준다는, 그래서 교육한 햇수만큼 더 사람다운 사람이 되게 하는 학교들은 있다가도 사라지게 된 것입니다.

건물은 여기저기 보이고, 그 안에 학생들도 우글대고 교사들도 소리치고 있지만 그 속에 사람다운 삶이 없다면 사람답게 될 학생들도 없을 것입니다. 있는 건 점수 따기 위한 핏기 어린 눈들뿐입니다. 우선 친구들을 해치고 점수 따려는 것이지만 마지막에는 이웃 사람도 잡아 제치고 돈 따려는 눈들입니다.

조선왕조 때 과거에 급제한 탐관오리처럼, 일제강점기 때 고등고시에 합격한 벼슬아치 민족 반역자들처럼, 같은 겨레도 해치며 제 호강만을 노리는 눈들입니다.

한 번 보고, 다시 보고, 몇천 번 살펴보아도 학교 안에 가득 차 있는 것은 사람다운 사람이 되려는 사람들 눈이 아니게 되었습니다. 새 나라, 우리 나라를 세웠을 때 민족정기 한번 바로 세우지 못한 노릇이 결국에는 가정과 학교를, 아니 온 세상을 이 지경에 빠뜨리고 만 것입니다.

중등교육과 십대 학생들의 인권

껍데기로 길들여지고 있는 중학생들

한배에서 난 일란성 쌍둥이도 속은 서로 같지 않아서 잘만 가르쳐서 기르면 둘 다 남이 대신 못 할, 세상에 필요한 훌륭한 사람이 될 수 있다. 사람이면 누구나 교육을 받고, 남과 다른, 그래서 남이 대신 못할, 속이 있는 자기가 될 권리가 있는 것이다.

그런데 요즈음 학교교육은 어떠한가? 마치 서로 다른 학생들을 입학시켜서 하나같이 속없는 사람으로 만들어 졸업시키는 것이 학교가 할 일처럼 되어 있는 것이다.

국민학교라고 그렇지 않은 것은 아니지만, 중학교부터는 바짝 더하다. 소년 죄수가 된 것도 아닌데, 소년병이 된 것도 아닌데 입학식 날부터 졸업하는 날까지 학생들 마음 차이를 없애는 것이다. 어른도 벌 받기를 싫어하고 상 타기를 좋아하는데, 학교에서 그토록 자주

주는 상과 벌은 다른 것이 아니다. 많이 닮게 되었다고 주는 것이 상이요, 아직도 다른 데가 남아 있대서 주는 것이 벌이다.

공부를 잘하고 몸가짐이 단정해서 상을 주는 것 같지만, 그 공부, 그 몸가짐 속을 보자. 낡은 것을 새것이라 해도 믿고 외운 공부요, 증오를 사랑이라 해도 따라 한 몸가짐이다. 사람답게 달라져서가 아니라 하나같이 껍데기만 남았다고 주는 상이다. 그렇지 않은데도 준상이 조금 있다 하더라도, 그것마저 전보다 더 스스로 생각해서 행동하는, 자유로운 사람이 됐다고 주는 상은 결코 아니다.

상이야 무관심인 사람들이 얼마든지 있지만 벌은 누구나 두려워하게 마련이다. 그런데 중학교부터는 이 벌이 더욱 기세를 떨치고 있다. 작게는 사사로운 모욕에서부터 크게는 제적에 이르기까지 끊임없이 퍼부어 댄다. 그 기준은 딱 한 가지, 시키는 대로 안 했기 때문이고 하나같이 닮아 가고 있지 않기 때문이다. 믿으라는 교과서를 의심했다고, 약육강식하라는데 사람을 섬겼다고 주는 벌이다.

지렁이조차 밟히면 꿈틀거리는데 열세 살 중학생인들 다를까. 이 세상 누구와도 다른 '자기 될 권리' 침해에 항의하지만 그러면 처벌을 더 받게 되는데, 사람 가운데도 어지간한 사람이 아니고는 별수 없는 것이다. 애완동물처럼 또는 집짐승처럼 길들여지는 것이다.

그런데 학교가 학생들한테 주는 상과 벌 모두는 학교 탓만은 아니다. 그 많은 학교들이 어째서 그렇게도 하나같을 수 있을까? 교육 당국의 교육 방침 탓도 있다. 학생도 사람인데 섬김을 받으며 자라나야만 이다음에 사람을 섬기며 사는 사람다운 사람이 되는 것이다.

교육 당국은 교육 여건 조성에 힘쓸 뿐 학교들을 하나로 묶지 말아야 한다. 그래야 그 학교들은 학생들이 독창적인 자기가 되도록 북돋아 줄 수 있게 된다. 속이 남과 다른, 그래서 남이 못할 일을 할 수 있는, 이 세상에 필요한 훌륭한 사람이 되도록 교육할 수 있는 것이다.

청소년 수용소에서 반인교육을 받고 있는 고등학생들

새말을 만들었으니 말 풀이부터 하자면, 고등학교를 두고 '청소년 수용소'라고 한 까닭이 있다. 학교생활이 참과 착함, 아름다움을 배우는 즐거움에 차 있는 것이 아니라, 교사들의 감시와 냉대와 처벌이 난무하고 있기 때문이다.

'반인교육'이라 한 것은 고등학교 학생들이 마땅히 받게 되어 있는 전인교육을 못 받고, 사람답지 않고 이치에도 맞지 않는 입시 공부가 아니면 값싸게 팔아먹을 기술이나 익히고 있기 때문이다.

생각하면, 일제강점기 때 중등교육이 바로 그러했기에 해방과 함께 내버렸던 복선형* 교육제도였다. 지금은 공업학교가 아니라 공업고등학교지만, 이름에 '고등'이라는 말만 들어갔을 뿐 요즈음 더더욱 일제강점기 때 공업학교를 닮아가고 있는 것이다. 공업고등학교인데 어찌 기술을 익히지 않는 것이 옳으랴만, 일제강점기 때와는 달리 국

---

* **복선형** 상류 계층을 위한 학교와 서민 계층을 위한 학교로 나뉘어 있는 학교 제도.

민이 주인인 나라가 된 까닭에 주인 노릇 할 만한 자질도 길러 주어야 공업고등학교이다. 공업 두 글자가 붙어 있지 않은 고등학교라고 해도 어찌 대학 입시 준비만 시켜서 옳으랴.

대학을 나와서 사회 지도자가 될 사람일수록 노동자들을 섬기는 법을 가르쳐 주어야 한다. 그러자면 학생 시절에 땀 흘려 일하는 고귀함을 체험하도록 해야 한다. 그런데 지금 고등학생들은 어떤 처지에 있는가?

실업계 고등학생들인 경우 뒷받침이 어려운 집안에서 태어나서 대학 입시 공부만 전문하는 고등학교에 진학하지 못한 것도 억울하거늘, 수업 시간 절반이 넘도록 기술 익히기만 배우는 판이다. 그래서 대학 진학을 처음부터 단념할 수밖에 없다. 지금까지 사회는 고등학교만 나오면 대학 출신에 비해 말도 아닌 대접밖에 안 해 왔기에, 이제부터 시작되는 인생을 절망하고 있는 것이다.

그렇다면 선생님이라도 학생들의 이 아픈 마음을 함께해 주고 있느냐 하면 도리어 상처를 쑤시기나 하듯, 졸업 뒤에 취업하면 회사에 순종하는 것이 미덕이라는 말만 되풀이하고 있다. 물론 실업계 고등학교라고 대학 진학의 길이 완전히 막혀 있는 것은 아니다. 학생 때부터 속없는 직공처럼 생활하면서도, 학교 눈에 든 극소수 우등생만 진학하게 되는 것이다.

또 대학 입시 공부만 시키고 있는 인문계 고등학생들 처지를 생각해 보자. 나라에서 치르는 대입 예비고사부터 합격해야 되고, 그 시험문제는 교과서에서만 객관식으로 나오기 때문에 젊음을 바쳐 필사로 해 대는 공부라고 해 봐야 교과서밖에 없는, 그런 사람이 되었다. 겨레에 대한 긍지는 고사하고 도리어 부끄러움에 찬 나머지 부유하고 강한 다른 나라를 섬기려 들고, 인권 존중은커녕 상냥하게 인사를 안 했다고 하급생한테 폭력을 휘두르게까지 되었다.

그도 그럴 것이, 학생 선도라는 이름으로 범인을 수색하는 형사처럼 느닷없이 학생들 주머니를 뒤지는 선생들이 있는가 하면, 학력을 키우는 방편으로 공부 못하는 학생들을 멍들 만큼 매질하는 선생들도 있는 것이다. 선생들도 그럴 것이, 공사장 일꾼처럼 선생을 감시하고 부리려고 하는 교장들이 있는가 하면, 학급들의 평균 시험 성적을 견주어서 교사를 좌천시키는 교장들도 있다.

교장들도 그럴 수밖에 없는 사정이 있다. 교육 당국은 학생 탈선 정도에 따라서 그 장소와 시간을 따지지 않고 교장까지 파면하겠다고 하고, 학력을 높이지 못한 학교의 교장을 엄중 문책하겠다고 하는 것이다.

지금 고등학생들이 내일의 나라 주인답게 착하고도 유능한 사람으로 자라나려면, 학교 밖 사회부터 정의롭고 민주주의가 이루어져야 할 것은 물론, 학교 안 사회 또한 사람이 으뜸으로 존중되는 분위기라야 한다.

고등학교 운영도 본래 제도대로 단선형*으로 해야 하고, 학생들한테 진짜 공부를 외면하게 만드는 대입 예비고사도 폐지해야 한다. 교

---

* **단선형** 국민 모두에게 평등하게 교육 기회가 주어지도록 마련되어 있는 학교 제도.

육 당국은 어느 대학도 입학 지원자들 가운데 자격 있는 사람만 선발할 능력이 있고, 어느 고등학교도 주어진 조건만큼 최선을 다해서 학력을 키우는 데 임하고 있다는 것을 의심해서는 안 된다.

교장 선생님에게

교장 선생님.

진국이라는 말이 있습니다. 거짓 없는 사람이라는 뜻이라고 합니다. 저는 최근에 그야말로 '진국 교장'을 찾아뵙고 왔습니다.

그분과 함께 보낸 시간이야 5분도 안 될 겁니다. 아침 일찍 교장실로 찾아가 인사를 드리고 학교를 참관하겠다는 허락을 받은 시간과, 저녁 늦게 작별 인사를 드리고 감사하다는 말씀을 드린 시간뿐이었으니까요. 그러면서 그분더러 진국이니 뭐니 찬사도 그렇지만, 인물 평임에도 틀림이 없는데, 그럴 수가 있느냐는 분이 계실 것입니다.

저는 종일토록 그 학교 선생님들과 함께 지냈습니다.

저는 그 학교 선생님들을 보고 나서 교장 선생님 됨됨이를 알게 되었습니다.

학생들을 가르치라고 있는 학교인데, 학생들은 교사들만이 가르치는데, 교사가 아닌 교장을 학교마다 둔 까닭은 교장이 있어서 교사들이 학생들을 더 잘 가르치기 때문이 아니겠습니까?

저는 교사들을 본 것입니다. 교장 선생님이 있어 교사들이 학생들을 더 잘 가르치게 된 것이 무엇인가를 살폈습니다. 그러고는 직접 만나 뵌 시간은 단 5분도 안 되지만 감히 그분더러 '진국 교장'이라 찬양하는 것입니다.

첫째로 그 학교 교사들은 학생들 교육이 아닌 일은 전혀 하지 않고 있었습니다. 저는 참으로 놀랐습니다. 이런 학교가 다 있었구나. 저는 교장 선생님을 우러러보았습니다. 교장 선생님이 있어서 그 학교 교사들은 다른 잡무 없이, 오직 학생들만을 사랑하고 가르치고 있었습니다.

생각하면 교사들이 교육에만 신경 쓰는 것은 너무나 당연한 일입니다. 학생들 가르치라고 교사로 모셔 놓고는, 학생들을 사랑하고 가르쳐야 할 시간과 정력을 다른 일을 시켜 빼앗는다고 하는 것은, 그 잡무를 누가 시켰던 간에 잘못입니다.

교육 당국이 시켰다면 그 당국이 직권남용을 하고, 자기 임무를 저버린 것입니다. 부모가 자녀를 학교에 보내는 것은 그곳에 학생을 사랑하고 가르치는 교사들이 있어서입니다.

그 정력과 시간을 다른 일에 빼앗기다니, 그야말로 안 될 일입니다. 그러나 오랜 세월을 어느 학교 교사든 모두 그리하여 왔기에 저는 처음으로 잡무 없는 교사들을 보고는 놀란 것이었습니다.

무엇보다도 그 교장 선생님은 학생들과 교사들 사이에 돈이 끼어들게 하지 않으셨습니다. 학부모가 마땅히 내야 할 돈을 내지 않아

부득이 학생들을 통해서 독촉 편지를 전할 경우에도 교사는 관여하지 못하게 하셨습니다.

육성회비가 잘 걷히지 않아 교사들한테 급여마저 채워 주지 못할 지경인데도 끝내 교사들은 입도 떼지 못하게 하셨습니다.

물론, 그러고도 학부모들한테 나라에서 거두라는 돈을 거두어들이자니, 녹아나는 건 서무 직원이었습니다. 그것만으로도 안 되니 교감 선생님도 나서고, 그래도 안 되니 교장 선생님까지 육성회비 독촉과 수납 사무를 보고 계셨습니다.

얼핏 보면 바보스럽기까지 한 그분이었습니다. 처신도 말이 아니었습니다. 그러나 신바람이 나서 가르치는 이들은 교사들이었습니다. 학생들 앞에 위신이 서는 이들은 교사들이었습니다. 무엇보다도, 선생을 선생같이 보지 않는 학생들이 없었습니다. 선생을 자기 먹고살려고 육성회비나 독촉하는 가련한 존재로 보는 학생들이 없었습니다.

교사가 학생을 사랑하는 까닭에 호되게 야단을 칠 때가 있습니다. 남과 견주어서가 아니라, 그 학생의 지난날을 놓고 크게 칭찬해 주어야 할 때도 있습니다. 그러나 교사가 가난한 학생을 호되게 야단쳐도, 부잣집 학생을 얼싸안고 이뻐해도, 수군대고 비쭉거리는 학생들이 없었습니다. 맑은 눈으로 교사들을 바라보고 있었습니다.

교사가 하는 말을 진심으로 받아들이고 있었습니다. 교사들한테서 지식만이 아니라 인격도 배우고 있었습니다. 학교를 만든 사람들 뜻대로, 학교에 보내 준 부모 바람대로, 올바른 사람이 되어 가고 있었습니다.

이래서 저는, 교사들한테 돈 거두어들이기 같은 잡무를 시키지 아니한 그 교장 선생님을 교장이 맡은 일에 충실한 '진국'이라 찬양한 것입니다.

그러나 이는 작은 면에 지나지 않습니다. 교사들한테 잡무를 맡기지 않았대서 자동으로 학생들을 사랑하게 되거나 잘 가르치게 되는 것은 아닙니다. 그러나 저는 그날 그 학교 교사들을 보고 그 교장 선생님이 적극인 면도 엿볼 수가 있었습니다.

그 학교 교사들은 자기가 가르치고 있는 학생에 한해서, 그 교육에 대해서는 마지막 결정을 할 권한을 갖고 있었습니다.

이는 동시에 그 학생 교육에 대한 마지막 책임을 지고 있음을 뜻하고 있었습니다. 그 학교 교사들은 학생들을 처음 가르치기 시작했을 때와 지금을 견주면서 자기로 인해 학생들이 나아진 것을 찾아 보람으로 삼고 있었습니다.

반대로 자기는 무던히도 애썼건만 도무지 나아진 것이 없어서 속을 태우고 있었습니다. 하여간에 그 모습은, 한마디로 스승의 모습이었습니다. 학생들을 사랑하고 있었습니다.

학생들이 사람답게 자라기 위해 교사가 필요한 까닭을 찾아내고 있었습니다. 그 필요들을 채울 수 있는 능력을 학생들에게 길러 주고 있었습니다. 어리석고 못난 학생들을 만나 착하고 똑똑한 사람이 되게 하고 있었습니다. 교사의 도움이 필요했던 학생들을 가르쳐서 교사의 도움이 필요 없게 만들고 있었습니다. 좌우간 자기가 내린 결정을 실행에 옮겼으니 스스로 책임지고 있었습니다.

이러한 스승들 아래서 배우니, 학생들이 남이 시켜야 움직이는 머슴 근성을 지닐 리 없었습니다. 자기를 착하고 유능한 사람이 되게 할 수 있는 사람은 바로 자기뿐임을 깨닫고 있었습니다. 학생들도 자기가 결정해서 실천하고 있었습니다. 자유인 교사들 곁에 자유인으로 자라고 있는 학생들이었습니다.

그 스승들에 그 제자들이었습니다.

교사들한테 학생 교육이 아닌 다른 잡무를 맡기지 않으신 교장 선생님. 교사들한테 학생 교육을 스스로 처리할 수 있게 해 준 교장 선생님. 저는 이래서 그분을 '진국'이라 일컫는 것입니다.

나쁜 아저씨들

보사부*의 허가를 받아 사람이 먹을 빵을 만들어 팔아 왔고, 문교부의 보조금까지 받아 가며 학교 아이들이 먹을 빵을 만들어, 그나마 문교부 관할 아래 있는 학교와 손잡고 어린이 모두한테 팔아 온 빵이었다. 유해 식품이야 그 전에도 있었지만, 길거리 가게에서 판 빵이었다면 안 사고 안 먹으면 될 일이었다. 학교 교실에서, 선생님 앞에서 먹었던 빵이었다.

"쌀밥, 보리밥만 먹는 식생활은 좋지 않다. 외국에서 들여온 밀로 만든 빵도 먹어야 몸에 좋다. 그러니 몹시 가난한 어린이 말고는 가져와야 한다. 모두 감사한 마음으로 먹자."

선생님이 이러시는데, 안 사고 안 먹으면 도리어 꾸지람을 들을 일

---

* **보사부** 보건사회부는 의무, 방역, 보건, 위생, 약무, 구호, 원호, 부녀 문제와 노동에 관한 일을 맡아 처리하는 중앙행정기관으로, 1994년 보건복지부로 바뀌었다.

이었다.

그런데 그 빵을 먹고 수많은 어린 학생들이 식중독을 앓았다. 급기야는 죽기까지 했다.

오늘 그 아이의 교실에서는 살아난 아이들끼리 국화꽃 송이를 바치며 죽은 동무를 추도하고 있었다.

"나쁜 아저씨들 때문에 너는 죽었다."

같은 반 동무의 말이었다. 담임선생도 가슴이 아팠겠지.

"같은 어른들의 한 사람으로서 너에게 깊이깊이 사죄하고 다시는 이런 일이 없도록 다짐한다."

죽은 그 아이를 놓고 다시 부검해서 원인을 밝힌다는 둥, 약방에서 사다 먹은 약값까지 교육 당국에서 물어 준다는 둥, 아무개는 마땅히 도의적 책임을 지고 물러나야 한다는 둥, 강제로 빵을 사 먹게 한 문교부의 지시를 철회하라는 둥, 아니 그 지시를 철회하는 건 원래 교육감의 재량에 속하는 일이었다는 둥, 아이들 앞에서 보이는 어른들 추태는 뉴스 때마다 꼬리를 물고 보도되고 있다.

추한 어른들, 아니 추한 한국인들. 우리는 언제부터 이 지경이 되었나?

조선왕조 시대에 그저 가난하기만 했던 우리 조상들이었건만, 일제강점기에 위정자들로부터 벌레처럼 업신여김을 받았던 우리 선배들이었건만, 이웃을, 동족을, 아니 사람을 아낄 줄은 알았는데. 가난을 벗어나 부자가 된대도, 남들 위에 서서 권세를 누리게 된대도, 사람을, 동족을 해치는 일만은 안 했었는데.

한마디로 하늘을 두려워하는 인간 양심만은 움켜쥐고 살아왔는데.

우리 한국인이 이토록 추해진 것은 분명 우리 대의 일이다. 해방 뒤의 일이다. 일제에게 동족을 팔아 제 권속의 권세와 부귀를 누렸던 추악한 사람들인데, 우리 정부의 철퇴는커녕, 고관 대직에 기용까지 되고서부터이다. 자유당과 그 정부를 떠받들기만 하면 어제 일제 식민 아래 있던 민족 반역자도 오늘날 부귀와 영화를 계속 확대해 가고 있다는 것을 보고 나서부터이다.

이때부터 너도 나도 부귀영화에 눈이 먼 것이었다. 부귀를 얻기 위해서는 보이는 것이 없었다. 동족도 사람도 마구 쓰러뜨렸다. 한마디로 민족정기가 없는 민족이 되고서부터다. 국민학교 아이들의 집단 식중독 사건은 결코 우발이 아니다.

나라 안에 어디를 가도 득실거리는 나쁜 아저씨와 아줌마들인 것이다. 약하면 사람까지도, 저 부자 되고 권세 잡는 데 이용하려는 무리들이 우리 사회에 판을 치고 있는 한, 이제까지도 그랬듯이 앞으로도 가난하고 약한 사람은 생존마저 위협받게 될 것이다.

양심껏 이웃을, 동족을, 아니 사람들을 섬겨야 부자가 될 수 있는 세상, 사회에 정의를 세워야 권세를 누릴 수 있는 세상이 아쉽다. 한마디로, 바른 기운이 충만한 민족이 되어야 한다. 이제부터라도, 우리 사회가 나아가는 방향을 틀어야 하지 않을까?

민족을 일제에 팔아넘기며, 이웃 사람을 해쳐 가며 쌓은 부는 지금이라도 사회에 돌려야 한다. 가난한 농부도, 광부도, 직공도, 약한 아이들도 모두가 사람인 까닭으로, 사회와 나라의 적극적인 보호와 육성 아래 부강해진 이들의 제물이 되는 일만은 근절되어야 한다.

약육강식이 아니라 약육강조(弱肉强助)의 새 세상 만들기를 시작해야 한다. 그래야만 남의 아들딸을 해치면서 제 부귀만 누리려는 나쁜 아저씨와 아줌마들이 이 땅에서 없어지는 것이다.

아이들 몫을 가로챈 어른들

　부모만 제 자식을 사랑하고 그 사회 어른들은 남이 낳은 아이들을 사랑하지 않는다면 그런 사회를 무어라 부를 것인가. 사람들이 꾸며 놓은 사회가 분명하니 짐승 사회랄 수는 없겠지만, 사람다운 사람들 사회랄 수는 없지 않을까. 짐승도 제 새끼는 사랑하니 말이다. 부모만 제 자식부터 잘 먹여 잘 가르치려 하고 그 사회 어른들은 남이 낳은 아이들 몫까지 빼앗아 먹는다면 그런 사회를 무어라 부를 것인가. 야만인도 사람은 사람이니 야만인 사회쯤으로 불러 두자.

　지난 한 해 우리 아이들, 그 전이라고 별수 있었던 것은 아니지만, 제 부모가 보호해 주는 제집만 벗어난 날에는 어디에 가도 사람들끼리 약육강식이라, 움츠리고 살 수 밖에 없었다. 약하기로야 아이들이 제일인데 힘센 사람들한테 당할세라 피하다가 한 해를 보낸 것이다. 제 부모 다음으로 보호해 주는 선생님이 계신 학교라고 해야, 모두가 마음 편히 살 곳은 못 되었다. 집안 좋아 공부 잘하는 아이들이 아니고는 핀잔만 듣고 배운 것 없었으니 학생도 아닌 채 한 해를 보낸 것이다.

올해 우리 어른들은 아이들을 어떻게 다루기로 했는지, 그 가운데서도 학교 다니는 아이들에 대한 처우를 알아보자. 정부가 안을 내어 국회가 통과시킨 '문교부 예산' 말이다. 우리가 낸 세금으로 채용하는 공무원들과 우리가 뽑아 보낸 국회의원들이 정한 문교부 예산이니, 남들이 한 건 아니다. 우리 결정임에 틀림이 없다. 올해에도, 아니 올해에는 더욱 아이들을 구박하기로 작정한 것이다. 공표된 예산이니, 남몰래가 아니라 드러내 놓고 차별키로 한 것이다. 제 자식이야 예나 다름없이 금이야 옥이야 할 테지만, 제 자식만 아니면 제집 강아지만큼도 여기지 않기로 한 것이다.

초등교육 6년을 의무로 해 놓고 있는 우리라면 그 학교라는 것이 적어도 아이들 안전과 생존을 위협하는 것이어서는 안 될 것이 아닌가. 숨 쉬고 먹고 운동하고 쉬어야 사는 것은 아이들도 마찬가지인데, 어른도 못 견딜 콩나물 교실에서 하루에도 몇 시간씩 6년이나 갇혀서 살고 있는 것이다. 생각해 보자, 어른들이 일하는 어느 관공서가 아이들이 공부하는 학교처럼 사람이 못 살 데인가를.

누구한테나 비위생 청소는 해롭다. 그런데 어느 관공서에도 있는 유급 청소부가 어린 아이들 학교에는 없는 것이다. 날마다 숨 막힐 지경인 먼지를 들이키며 걸레질이라는 노동을 강요당하고 있는 것이다. 그것도 무보수로 말이다. 교육을 목적으로 시키는 청소라고 말하는 어른들이 있다면 그들한테 아이들을 대하는 양심이 있는 것인지 생각해 볼 일이다. 먼지도 덜 나고 힘도 덜 드는 제집 청소도, 잘살면 유급 가정부한테 시키고, 못살아도 나이 어린 자녀한테는 시키지 않고 있지 않은가. 어린 자녀를 교육하고 싶지 않아서가 아니라 교육이 아니기 때문에 강요하지 않는 것이다.

그런데 새해 정부 예산이라는 것을 보자. 1백 억 불을 넘겼다는 수출량만이 아니라, 국민이 내는 세금도 동서고금에 그 유례가 없을 만큼 갑자기 크게 늘어난 우리인데, 어린 아이들 몫인 의무교육 예산이라는 것을 보자. 나라 예산에서 의무교육 예산이 차지하는 비율을 보면 1972년 이래 느는 것이 아니라 줄고 있는 것이다. 1972년에 12.98퍼센트였던 것이 해마다 줄어서 올해에는 놀랍게도 8.49퍼센트가 됐다. 어처구니없게도 아이들 몫을 줄여서 어른들한테 돌리고 있는 것이다.

해마다 납세액이 줄어든 우리였더라도 아이들 몫만은 건드리지 않았어야 하는 게 우리 어른들이 지켜야 할 최소한 양심이 아닌가. 분명히 우리 어른은 염치도 없어진 사람들이다. 더욱 분명한 것은, 그 어른에 그 아이라 우리 겨레에 내일의 희망은 없다는 사실이다. 정말 이럴 수밖에 없는 것인지 눈이라도 감고 손이라도 가슴에 얹어 보자.

인간적인 사회를 위하여

교장 선생님, 저는 지난 여름방학 아이들과 모처럼 우리 겨레의 일을 얘기해 본 적 있었습니다.

하나는 국민학교 5학년 남자아이고, 다른 하나는 중학교 2학년 여자아이였습니다. 둘 다 미국 지상군이 철수하게 되면 북괴의 남침으로 전쟁이 나지 않겠냐는 것이었습니다. 물론 초전박살로 우리가 승리할 것이라고 장담하고 있었습니다.

저는 참으로 놀랐습니다. 아이들의 천진난만으로 돌려 버릴 수만은 없었습니다.

스물일곱 해 전인 1950년, 한국전쟁으로 동족상잔을 한 우리 겨레였습니다. 그리고 다섯 해 전인 1972년 7월 4일, 자주적으로 평화통일 할 것을 온 천하에 다짐한 우리 겨레가 되었습니다.

그런데 이 두 학생은 평화통일이 아닌 동족상잔을 하게 될 우리 겨레로 보고 있는 것입니다. 어찌 놀라운 일이 아닙니까? 같은 겨레끼리 서로 싸우고 죽이는 흉악한 겨레의 아들딸이라고 스스로 인정하다니 이보다 더 놀라운 일이 무엇이란 말씀입니까? 그뿐만이 아닙니다. 남과 북의 부국강병은 자타가 인정하게 된 요즘입니다. 스물일곱 해 전의 빈국약병(貧國弱兵)은 남에도 북에도 없는 것입니다.

남북이 서로를 박살 내면, 그다음은 생각조차 못할 일입니다. 민족의 공영이 아닌 공멸의 길을 가게 될 우리 겨레로 보고 있다니, 이 어찌 놀라운 일이 아닙니까?

가장 어리석은 그 겨레의 아들딸이라고 스스로 인정하다니 이보다 더 놀라운 일이 무엇이란 말입니까?

지금의 우리 겨레를 스물아홉 해 전과 다름없는 가장 흉악하고도 가장 어리석은 무리로 보고 있으면서도, 자기들이 그 겨레의 아들딸임을 티끌만큼도 부끄럽게 여기지 않고 있는 것입니다. 그 두 학생은 다섯 해 전 7·4 남북공동성명은 까맣게 잊었는지 그 정신은 흔적조차 없었습니다.

우리 겨레가 참으로 오랜만에 양심을 되찾아, 안으로는 우리 조상과 어린이들한테, 밖으로는 우리를 등쳐서 이익을 보려 든 다른 나라들한테 조국의 자주적 평화통일을 다짐했던, 그토록 자랑스러운 일은 그들 머리에 자랑으로 남아 있지 않았습니다.

저는 흉악을 버리고 양심을 찾은, 어리석음을 버리고 현명해진 우리 겨레의 아들딸인 것을 자랑으로 여기는 학생들이 남에도, 그리고 북에도 가득하기를 바라고 있습니다.

우리 기성인들이야 다섯 해 전 마음먹은 대로, 남에서도 북에서도 동족 전쟁의 방지를 위해서 살아 있는 동안 그 주권을 최대한 행사하겠지만 오늘의 어린이는 내일의 기성인입니다. 어린이들에게 겨레의 양심과 지혜로움을 가르쳐야만 겨레의 이상, 조국의 평화통일을 실현할 수 있을 것입니다.

사람은 누구나 양심을 타고납니다. 오염된 흉악성을 씻어 내기만 하면 제구실을 하게 됩니다. 그러나 지혜로움은 타고나지 않습니다.

지혜는 배워야만 지니게 됩니다. 글과 셈과 손재주를 배우고도 지혜가 없을 수도 있습니다. 아니 그런 경우야 얼마든지 있었습니다. 유식하고 유능한 사회적 바보가 되는 경우 말입니다. 꼭 일제강점기 끝 무렵 학교에서처럼 흉악한 바보가 되는 것 말입니다.

어린이들에게서 이미 더럽혀진 흉악성을 씻어 내는 일, 그래서 타고난 양심에 바탕하여 사회적 지성을 길러 주는 일, 그것은 우리 겨레가 살아남으려면 꼭 해야 할 가장 중요하고도 시급한 일입니다.

쉽지는 않지만, 하면 되는 일입니다. 우선 우리 교사들부터가 그들 학생을 존엄스럽게 대해야 합니다. 도구로 삼지 말고 목적으로 섬기는 것입니다. 목적은 학생 아닌 다른 데다 두고 그것을 이루는 수단으로 학생을 악용하려 드는 것보다 더 흉악한 짓은 없습니다.

흉악한 교육은 흉악한 사람을 길러 냅니다. 교사들로 하여금 옳은 교육을 하게 하자고 둔 학교 관리직입니다. 교사들이 학생의 존엄성을 바탕으로 한 교육을 할 수 있는 여건을 마련해 주는 일은 학교 관리직이 해야 할 으뜸가는 소임입니다. 다음으로는 직원실과 교실과 운동장을 포함한 학교 사회가 약육강식이나 약한 것은 더 약해지고 강한 것은 더 강해지는 게 아니라, 약강상조(弱強相助)하는, 그야말로 동물다운 것이 아닌 인간다운 것이 되어야 할 것입니다.

우리는 오랫동안 학생들을 경쟁시키는 일을 불가피한 교육 방법으로 믿어 왔습니다. 그래서 우등생 표창을 일삼아 왔습니다. 열등생의 분발을 기대했다면 천진스럽다고나 하지, 우등생들만 골라 사랑하고 가르쳐 왔던 것입니다. 아니 열등생들을 차별해 왔습니다. 그보다도 그들의 학습권을 짓밟는 것입니다. 그러니 우등생들은 제 동료 열등생들이 짓밟히는 것을 보고도 도리어 기세등등해질 수밖에 없게 된 것입니다. 어느덧 우등생이 흉악해진 것입니다.

태생이 좋고 집안의 뒷바라지마저 좋아서 몸도 튼튼하고 공부도 잘하는 학생들보다는, 태생도 집안도 나빠서 공부도 못하게 된 허약한 학생들이야말로 사람다워지려면 교사들의 사랑과 도움이 필요합니다. 우리는 교사들로 하여금 열등생에게도 교육받을 기회를 고루 갖게 할 수 있는 여건을 마련해 주어야 할 것입니다.

학력의 절대평가제를 실시한 것은 참으로 잘한 일입니다. 한걸음 더 나아가서 학교 사회를 통틀어 약강상조하는 인간적 사회로 개조하는 일을 힘차게 뒷받침해야 할 것입니다. 그래서 교사들은 교육에 지식과 경험을 가지고 있는 사람답게, 학생들로 하여금 학교 안에 스스로의 힘으로 정의로운 사회를 이룩하게끔 지도할 수 있어야 합니다.

흉악한 바보가 아니라 양심적이고도 현명한 사람이 되어, 우리 겨레가 꼭 나라 안팎에 다짐한 조국의 자주적 평화통일이라는 역사적

임무를 함께 할 수 있게 하려면 학생 때부터 인간의 존엄성과 사회 정의를 실천하게 하는 것이 지름길입니다.

이는 아무도 반대할 수 없는 인간 교육의 으뜸 원리니까요.

원로 교장 선생님에게

정년퇴직을 석 달 앞두고 민족과 국가의 장래를 염려하시는 마음
에서 지금까지의 교육을 돌아보신 끝에 특히 교육정책의 대담한 전
환을 주장하신 교장 선생님 서신을 받은 지도 벌써 한 달이 되었습니
다. 생각하면 지난 한 달 동안 역시 교장 선생님 마음에 구름이 걷힐
만한 일은 일어나지 않았습니다.

선생을 제쳐 놓고 학생을 교육할 사람이 있을 리 없습니다. 그런
데 해방 이래 오늘에 이르기까지 강력한 행정 지시만 있으면 학교 교
육이 이루어질 줄 알고 있으니 민족과 국가에 참으로 슬픈 일이 아닐
수 없습니다.

선생이 학생을 교육할 계획을 세울 수 있도록 그대로 두고 행정은
그 선생이 세운 그 계획을 실천할 수 있도록 뒷받침해 주었을 때, 비로
소 한국의 교육은 궤도에 오르게 되는 것인데, 참으로 안타까운 일입
니다.

선생이 선생 된 까닭은 학생을 교육할 포부가 자기에게 있어서이고 그 포부를 실천에 옮겨 학생이 사람다워지는 것을 보고자 해서입니다. 그런 선생님이 남의 지시에 따라 행동하였으니 그 결과 또한 지시한 사람이 책임질 일이라고 한다면, 그는 선생이면서 선생으로서 보람을 모르고 지낼 수밖에 없는 것이 아닌가 합니다.

선생이야 그렇다 치더라도 학생은 어찌 되어 가고 있는 것이겠습니까. 선생이 선생 같지 않게 여겨질 수밖에 없습니다. 선생이 학생 하나하나를 살핀 끝에 세운 교육계획이 아닌 줄을 그 학생이 알고 있는데, 그 선생님을 남의 계획에 따라 실천하는 사무원으로 볼 수밖에 없지 않나 생각됩니다. 참다운 교육을 받는 학생은 없는 셈이지요. 인격이니 도덕이니 진실이니는 없이, 느는 것이라곤 어디다 쓸지도 모를 지식과 손재주일 테니까요.

장관도 차관도 교육감도 이들 선생 앞에 고개를 숙이는 일을 시작해야 합니다. 학생을 교육하는 사람은 당신네들 선생뿐이고 나머지 교육계 인사들은 모두 당신들의 뒤를 밀어주기 위해서 봉급을 받고 있다고 진실을 고백해야 합니다. 선생들을 위해서가 아니라 국민의 자녀인 학생들이 받게 될 교육의 파산을 면하기 위해서 말입니다.

학생이 선생을 선생 같지 않게 보고 있는데 그 교육이 파산이 아니라고 할 수 있겠습니까. 파산 직전의 한국 교육을 소생시키는 일이라면 아무리 많은 돈이 든다 해도 아까울 것이 없거늘 이 일은 돈도 안 드는 일입니다.

그저 지금 헌법에도 있는 '교육의 자주성과 정치적 중립성의 보장'

을 명심하고 실천에 옮기기만 하면 되는 일입니다. 갑작스레 헌법 조문을 들먹거려 어려운 이야기가 되고 만 것 같지만 교육권력 기관에 있는 모든 사람이 진심으로 학교 선생에게 고개를 숙이고 그들의 뒷바라지를 부지런히 서두르면 되는 것입니다. 그때가 오면 학생은 선생을 선생같이 보게 되고 선생은 학생을 뜨겁게 사랑하며 신 나게 가르치게 될 것입니다.

물론 그러고도 더러 탈선하는 선생과 학생이 없다는 법은 없지요. 그렇다고 해도 거의가 아니라 몇 명도 안 될 것입니다. 또 막상 살펴보면 탈선의 예방이 그다지 큰 문제가 아닐 줄 압니다. 더도 말고 한국전쟁이 일어난 때에 선생들이 보여 준 자치 능력만 믿으면 됩니다. 지시, 감독, 적발, 처벌과 같은 전체적인 교육행정이 없었는데도 학생과 학부모의 신뢰와 존경 속에서 한국의 선생들은 자랑스러운 교육을 해냈으니까요.

지금은 막강한 교육행정인들이 진을 치고 있습니다. 이들이 마음을 더하고 서로 힘을 모아 선생들 앞에 고개를 숙이고 그들이 세운 교육계획을 뒷받침해 준다면, 지금의 학생과 학부모들은 한국전쟁 때보다 더욱 선생을 신뢰하게 될 것이고, 지금의 선생들은 세계의 어느 나라보다도 자랑스러운 교육을 해내고야 말 것입니다.

이는 돈이 드는 일이 아닙니다. 그러면서도 파산 바로 전에 놓인 한국 교육을 다시 살리는 첫걸음입니다. 언제쯤 우리 나라 교육정책이 이 방향으로 첫발을 옮기게 되는지요.

신문을 받아 볼 때마다 라디오 뉴스에 귀를 기울일 때마다 애타는 마음으로 고대하는 것은 바로 이 결정입니다. 교장 선생님께서 이 소식 접하고 정년퇴임을 하시게 되기를 바라는 마음 간절합니다.

살아 있는 교육 32

성래운의 교육 걱정

2014년 11월 17일 1판 1쇄 펴냄

글쓴이 성래운

편집 김로미, 박세미, 유문숙, 이경희, 조성우
디자인 오혜진 | **제작** 심준엽
영업·홍보 백봉현, 안명선, 양병희, 이옥한, 정영지, 조병범, 최민용
경영 지원 임혜정, 전범준, 한선희
인쇄와 제본 ㈜상지사 P&B

펴낸이 윤구병 | **펴낸 곳** ㈜도서출판 보리 | **출판 등록** 1991년 8월 6일 제9-279호
주소 (413-120) 경기도 파주시 직지길 492
전화 031-955-3535 | **전송** 031-950-9501
누리집 www.boribook.com | **전자우편** bori@boribook.com

ⓒ 성주천, 2014

보리는 나무 한 그루의 베어 낼 가치가 있는지 생각하며 책을 만듭니다.

ISBN 978-89-8428-861-4 03370

이 도서의 국립중앙도서관 출판예정도서목록(CIP)은 서지정보유통지원시스템 홈페이지
(http://seoji.nl.go.kr)와 국가자료공동목록시스템(http://www.nl.go.kr/kolisnet)에서 이용하실
수 있습니다.
(CIP제어번호: CIP2014030667)